全国专业技术人员继续教育培训教材

QUANGUO ZHUANYE JISHU RENYUAN JIXU JIAOYU PEIXUN JIAOCAI

专业技术人员权益保护读本

人力资源社会保障部专业技术人员管理司 / 组织编写

李建忠 / 主编

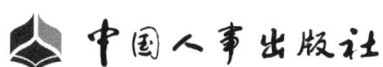

中国人事出版社

图书在版编目（CIP）数据

专业技术人员权益保护读本/人力资源社会保障部专业技术人员管理司组织编写；李建忠主编. -- 北京：中国人事出版社，2020

全国专业技术人员继续教育培训教材

ISBN 978-7-5129-1519-0

Ⅰ.①专… Ⅱ.①人…②李… Ⅲ.①专业技术人员-权益保护-中国-技术培训-教材 Ⅳ.①D922.174②G316

中国版本图书馆 CIP 数据核字（2020）第 036248 号

中国人事出版社出版发行

（北京市惠新东街 1 号 邮政编码：100029）

*

保定市中画美凯印刷有限公司印刷装订　新华书店经销

787 毫米×1092 毫米　16 开本　13.75 印张　183 千字
2020 年 6 月第 1 版　2020 年 6 月第 1 次印刷

定价：29.00 元

读者服务部电话：（010）64929211/84209101/64921644
营销中心电话：（010）64962347
出版社网址：http://www.class.com.cn

版权专有　　侵权必究

如有印装差错，请与本社联系调换：（010）81211666
我社将与版权执法机关配合，大力打击盗印、销售和使用盗版图书活动，敬请广大读者协助举报，经查实将给予举报者奖励。
举报电话：（010）64954652

出版说明

善于学习，就是善于进步。面对当今世界百年未有之大变局，面对进行伟大斗争、伟大工程、伟大事业、伟大梦想的波澜壮阔实践，我们就必须更加崇尚学习、积极改造学习、持续深化学习。专业技术人才是我国人才队伍的骨干力量，继续教育是专业技术人才队伍建设的重要举措。坚持党管人才原则，抓好专业技术人员继续教育，对于培养和造就一支规模宏大、结构合理、素质优良、具有国际竞争力的专业技术人才队伍，加快形成我国人才竞争比较优势具有重大意义。

长期以来，党和政府高度重视专业技术人员继续教育工作，《国家中长期人才发展规划纲要（2010—2020）》将专业技术人才知识更新工程确定为国家重点人才工程。2015年，人力资源社会保障部颁布出台了第一部面向全体专业技术人员继续教育的部门规章——《专业技术人员继续教育规定》。2018年11月，中共中央印发《2018—2022年全国干部教育培训规划》，明确由人力资源社会保障部负责组织实施专业技术人员继续教育，并提出要加强教材建设，开发一批适应干部履职需要和学习特点的培训教材和基础性知识读本，开发各具特色、务实管用的培训课程和教材。

为贯彻落实《2018—2022年全国干部教育培训规划》和《专业技术人员继续教育规定》，有效推动专业技术人员继续教育工作的深入开展，人力资源社会保障部会同中国科学院、中国人事科学研究院等单位，组织相关领域的专家学者，修订和编写了全国专业技术人员继续教育培训教材。这套教材突出政治引领，以提升专业技术人员思想政治素质和职业素养、创新创造创业能力为重点，以新理论、新知识、新技术、新方法为主要内容，着力引导广大专业技术人员的思想、能力、行动跟上党中央要求、跟上时代前进步伐、跟上事业发展需要。

本套教材根据专业技术人员在职培训和成人学习的特点，设置了导读、核心概念、典型案例、知识链接等栏目，不仅为教学活动和培训评估提供规范和指引，而且适合广大专业技术人员自学和延伸阅读。希望本套教材有助于广大专业技术人员完善知识结构、增强创新能力、提升综合素质，成为专业技术人员的知识更新之舟、能力提升之桥。

目 录

第一讲　权益和权益保护概述 ·································· 1
　　第一节　专业技术人员权益的内涵 ·························· 2
　　第二节　专业技术人员权益的保障 ·························· 21
　　第三节　专业技术人员权益保护的意义 ······················ 23

第二讲　聘用权 ·· 31
　　第一节　合同的订立 ······································ 32
　　第二节　合同的履行 ······································ 44
　　第三节　合同的变更 ······································ 52
　　第四节　合同的解除 ······································ 56

第三讲　经济权利 ·· 65
　　第一节　薪酬保障权 ······································ 66
　　第二节　薪酬制度 ·· 77
　　第三节　福利保障权 ······································ 84

第四讲　知识产权 ·· 91
　　第一节　专利权 ·· 92
　　第二节　著作权 ·· 105
　　第三节　职务成果权益 ···································· 116

第五讲　职业发展权 ……………………………………………… 123
第一节　人才评价权 ……………………………………… 124
第二节　职称评聘权 ……………………………………… 130
第三节　继续教育权 ……………………………………… 142

第六讲　职业安全权 ……………………………………………… 149
第一节　职业安全制度 …………………………………… 150
第二节　职业卫生保障 …………………………………… 153
第三节　特殊群体职业安全权益保护 …………………… 158

第七讲　社会保障权 ……………………………………………… 163
第一节　社会保障体系 …………………………………… 164
第二节　退休与养老保障 ………………………………… 166
第三节　医疗与生育保障 ………………………………… 176
第四节　失业与工伤保障 ………………………………… 179

第八讲　权益维护 ………………………………………………… 183
第一节　申诉 ……………………………………………… 184
第二节　劳动人事争议协商和调解 ……………………… 195
第三节　劳动人事争议仲裁 ……………………………… 199
第四节　劳动人事争议诉讼 ……………………………… 204

主要参考文献 ……………………………………………………… 211
后记 ………………………………………………………………… 212

第一讲
权益和权益保护概述

学习目的

权利意识和权利追求是经济社会进步的重要推动力。专业技术人员作为我国人才队伍的骨干力量,在推动科技进步、促进社会发展的进程中发挥着重要作用。加强专业技术人员权益保护,对于专业技术人员切实保障自身合法权益,推动国家文明进步具有重要意义。

通过本讲的学习,了解专业技术人员权益保护的重要意义,掌握专业技术人员权益的内涵、保护主体、方式和责任等。

第一节　专业技术人员权益的内涵

专业技术人员权益是指专业技术人员所应享受的政治、经济和社会等权利。专业技术人员权益的范围非常广泛，其内容涉及一切社会领域。作为社会人，专业技术人员享有作为生命个体所固有的人身权等基本人权；作为公民，专业技术人员享有宪法和法律赋予的基本权利和义务；作为劳动者，专业技术人员享有自由、平等择业等劳动权利；作为特殊职业群体，与其他人员相比，专业技术人员通常还拥有一定的、与履行其职责密切相关的职业权利。本书将重点阐述专业技术人员劳动权利和职业权利的保护。

一、权益的内涵

从语义理解，权益是权利和利益的统称。权利是公民、法人或其他社会主体所具备的某种资格；利益则是人们从事某种经济、社会行为所应获得的收益。但从实践看，"权益"通常是"权利"的通俗表述，"权利"一词本身即包括了利益或收益的内涵。权利与利益存在直接的联系，权利总是与其主张或追求的某种利益有关。本书所称权益即权利。

依据公民所参与的社会关系的性质，可以划分为属于政治生活的权利和一般民事权利。前者如各项政治权利，后者如财产权等。民法将自然人的民事权利分为生命权、身体权、健康权、姓名权、肖像权、名誉权、荣誉权、隐私权、婚姻自主权等权利。

依据民事权利效力所涉及的范围，权利可以分为绝对权和相对权。绝对权又称对世权，所要求的义务的承担者不是某一人或某一范围的确定的人，而是一切人，如物权、人身权等。相对权又称对人权，所要求的义务的承担者是一定的个人或某一集体，如债权、损害赔偿权等。

依据权利发生的因果联系,权利可以划分为原权和派生权。原权指基于法律规范的确认,不待他人侵害而已存在的权利,又称第一权利,如所有权等;派生权又称救济权,指由于他人侵害原权利而发生的法律权利,也称第二权利,如因侵害物权而发生的损害赔偿请求权。

依据权利间固有的相互关系,权利可以划分为主权利和从权利。主权利指不依附其他权利而可以独立存在的权利,如对财物的所有权;从权利指以主权利的存在为前提的权利,它的产生、变更和消灭均从属于主权利,如抵押权等。

二、专业技术人员的基本权益

论及专业技术人员权益,人们通常想到的只是专业技术人员的特定职业权利。但随着社会进步,实践中出现的大量争议和诉讼案件表明,单位管理必须全面尊重和维护职工的所有权益。专业技术人员的基本法定权利,特别是宪法和法律所规定的基本权利,是整个权益保护的基础。

保护公民权利是国家的基本使命。改革开放以来,我国宪法和法律对公民权利的保护不断完善。1982年,我国《宪法》[①]首次对公民权利作出了较为全面和具体的规定;1997年和1998年,我国政府先后签署了《经济、社会及文化权利国际公约》和《公民权利和政治权利国际公约》;2004年,我国又将"尊重和保障人权"写入《宪法》。

知识链接

加快建设人才强国

人才是实现民族振兴、赢得国际竞争主动的战略资源。要坚持党管人才原则,聚天下英才而用之,加快建设人才强国。实行更加积极、更加开放、更加有效的人才政策,以识才的慧眼、爱才的诚意、用才的胆识、容才的雅

---

① 注:本书中的法律法规统一用简称。

量、聚才的良方，把党内和党外、国内和国外各方面优秀人才集聚到党和人民的伟大奋斗中来，鼓励引导人才向边远贫困地区、边疆民族地区、革命老区和基层一线流动，努力形成人人渴望成才、人人努力成才、人人皆可成才、人人尽展其才的良好局面，让各类人才的创造活力竞相迸发、聪明才智充分涌流。

习近平：《决胜全面建成小康社会　夺取新时代中国特色社会主义伟大胜利——在中国共产党第十九次全国代表大会上的报告》，2017年10月18日

专业技术人员享有与其他公民一样的基本公民权利。《宪法》关于公民基本权利的规定主要体现在"总纲"和"公民的基本权利和义务"中。我国法律法规及签署的国际公约所规定的专业技术人员的基本权利包括：

（一）平等权

平等权是一切权利的基础。"一切人，或至少是一个国家的一切公民，或一个社会的一切成员，都应当有平等的政治地位和社会地位。"[①] 1948年12月10日，联合国大会通过并公布的《世界人权宣言》指出：对人类家庭所有成员的固有尊严及其平等的和不移的权利的承认，乃是世界自由、正义与和平的基础。联合国《公民权利和政治权利国际公约》特别强调：本公约缔约国承担尊重和保障在其领土内和受其管辖的一切个人享有本公约所承认的权利，不分种族、肤色、性别、语言、宗教、政治或其他见解、国籍或社会出身、财产、出生或其他身份等任何区别。《经济、社会及文化权利国际公约》也做了同样的强调。

我国《宪法》第33条明确规定，凡具有中华人民共和国国籍的人都是中华人民共和国公民。中华人民共和国公民在法律面前一律平等。国家尊重和保障人权，任何公民享有宪法和法律规定的权利，同时必须履行宪法和法律规定的义务。民法规定，当事人在民事活动中的地位平等，自然人的民事权利能力一律平等。

---

① 马克思，恩格斯. 马克思恩格斯选集：第3卷［M］. 北京：人民出版社，1995：444.

我国《宪法》还对特定社会群体的平等权进行了特别规定。如《宪法》第4条规定，中华人民共和国各民族一律平等。国家保障各少数民族的合法的权利和利益，维护和发展各民族的平等团结互助和谐关系。禁止对任何民族的歧视和压迫，禁止破坏民族团结和制造民族分裂的行为。各民族都有使用和发展自己的语言文字的自由，都有保持或者改革自己的风俗习惯的自由。《宪法》第48条规定，中华人民共和国妇女在政治的、经济的、文化的、社会的和家庭的生活等各方面享有同男子平等的权利。国家保护妇女的权利和利益，实行男女同工同酬，培养和选拔妇女干部。

平等权利强调在法律面前人人平等，在尊严和权利上一律平等，并有权享受法律的平等保护，不受任何歧视，这也是单位人力资源管理的首要原则。

(二) 人身权

人身权是指与主体人身不可分离的权利，是一种原始的、绝对的权利。人身权的首要内容是人身自由权，即权利主体有在法律范围内自主支配自己的行动的权利，他人不得妨碍。《宪法》第37条规定，中华人民共和国公民的人身自由不受侵犯。禁止非法拘禁和以其他方法非法剥夺或者限制公民的人身自由，禁止非法搜查公民的身体。我国《刑法》专门规定了侵犯他人人身自由的犯罪，如非法拘禁罪、非法管制罪等。

人身权也是民法保护的重要权利。人身权与财产权共同构成了民法中的两大类基本民事权利。人身权又称非财产权利，是指不直接具有财产的内容，包括人格权和身份权两大类，其中人格权包括生命权、身体权、健康权、姓名权、名称权、名誉权、肖像权等。身份权包括亲属权、配偶权、荣誉权等。

用人单位对专业技术人员人身权保护负有重要责任，如保障工作场所和工作过程的安全，避免工伤、死亡事故。同时，不得采取军事化管理、体罚和其他惩罚措施，损害专业技术人员的人身权，如不得限制专业技术人员自由，不得体罚专业技术人员，不得私自搜查专业技术人员，不得滥设监视设备监视专业技术人员隐私，不得在考核、人事档案管理等过程中侵犯专业技术人员名誉，不得要求专业技术人员在工作期间不得结婚、生育等。

知识链接

严格依法惩处涉医违法犯罪[①]

依法惩处涉医违法犯罪，维护正常医疗秩序，有利于保障医患双方的合法权益，为患者创造良好的看病就医环境，为医务人员营造安全的执业环境，从而促进医疗服务水平的整体提高和医药卫生事业的健康发展。

对涉医违法犯罪行为，要依法严肃追究、坚决打击。

（1）在医疗机构内殴打医务人员或者故意伤害医务人员身体、故意损毁公私财物，尚未造成严重后果的，分别依照《治安管理处罚法》第43条、第49条的规定处罚；故意杀害医务人员，或者故意伤害医务人员造成轻伤以上严重后果，或者随意殴打医务人员情节恶劣、任意损毁公私财物情节严重，构成故意杀人罪、故意伤害罪、故意毁坏财物罪、寻衅滋事罪的，依照《刑法》的有关规定定罪处罚。

（2）在医疗机构私设灵堂、摆放花圈、焚烧纸钱、悬挂横幅、堵塞大门或者以其他方式扰乱医疗秩序，尚未造成严重损失，经劝说、警告无效的，要依法驱散，对拒不服从的人员要依法带离现场，依照《治安管理处罚法》第23条的规定处罚；聚众实施的，对首要分子和其他积极参加者依法予以治安处罚；造成严重损失或者扰乱其他公共秩序情节严重，构成寻衅滋事罪、聚众扰乱社会秩序罪、聚众扰乱公共场所秩序、交通秩序罪的，依照《刑法》的有关规定定罪处罚。

在医疗机构的病房、抢救室、重症监护室等场所及医疗机构的公共开放区域违规停放尸体，影响医疗秩序，经劝说、警告无效的，依照《治安管理处罚法》第65条的规定处罚；严重扰乱医疗秩序或者其他公共秩序，构成犯罪的，依照前款的规定定罪处罚。

（3）以不准离开工作场所等方式非法限制医务人员人身自由的，依照

[①] 摘自2014年4月22日最高人民法院、最高人民检察院、公安部、司法部、国家卫生和计划生育委员会印发的《关于依法惩处涉医违法犯罪维护正常医疗秩序的意见》。

《治安管理处罚法》第 40 条的规定处罚；构成非法拘禁罪的，依照《刑法》的有关规定定罪处罚。

（4）公然侮辱、恐吓医务人员的，依照《治安管理处罚法》第 42 条的规定处罚；采取暴力或者其他方法公然侮辱、恐吓医务人员情节严重（恶劣），构成侮辱罪、寻衅滋事罪的，依照《刑法》的有关规定定罪处罚。

（5）非法携带枪支、弹药、管制器具或者爆炸性、放射性、毒害性、腐蚀性物品进入医疗机构的，依照《治安管理处罚法》第 30 条、第 32 条的规定处罚；危及公共安全情节严重，构成非法携带枪支、弹药、管制刀具、危险物品危及公共安全罪的，依照《刑法》的有关规定定罪处罚。

（6）对于故意扩大事态、教唆他人实施针对医疗机构或者医务人员的违法犯罪行为，或者以受他人委托处理医疗纠纷为名实施敲诈勒索、寻衅滋事等行为的，依照《治安管理处罚法》和《刑法》的有关规定从严惩处。

(三) 财产权

财产权是实现公民权利的基本保障。《宪法》第 13 条规定，公民的合法的私有财产不受侵犯。国家依照法律规定保护公民的私有财产权和继承权。国家为了公共利益的需要，可以依照法律规定对公民的私有财产实行征收或者征用并给予补偿。

财产所有权是指所有人依法对自己的财产享有占有、使用、收益和处分的权利。公民的个人财产包括公民的合法收入、房屋、储蓄、生活用品、文物、图书资料、林木、牲畜和法律允许公民所有的生产资料以及其他合法财产。公民的合法财产受法律保护，禁止任何组织或者个人侵占、哄抢、破坏或者非法查封、扣押、冻结、没收。

在单位管理中，对专业技术人员财产权的保护十分重要。如单位不得违法对专业技术人员进行罚款，不得拖欠、克扣专业技术人员的工资等收入，不得违法扣押专业技术人员的金钱和其他财物等。同时，单位对专业技术人员保存在单位的私人财物负有一定的保管责任。

(四) 政治权利和自由

政治权利涉及公民参与国家事务管理等方面的权利，是公民权的核心内容。政治权利主要包括选举权、自由权、监督权、政治参与权、批评建议权等。

《宪法》第 34 条规定，中华人民共和国年满 18 周岁的公民，不分民族、种族、性别、职业、家庭出身、宗教信仰、教育程度、财产状况、居住期限，都有选举权和被选举权。第 35 条规定，公民有言论、出版、集会、结社、游行、示威的自由。第 36 条规定，公民有宗教信仰自由。任何国家机关、社会团体和个人不得强制公民信仰宗教或者不信仰宗教，不得歧视信仰宗教的公民和不信仰宗教的公民。第 27 条规定，一切国家机关和国家工作人员必须依靠人民的支持，经常保持同人民的密切联系，倾听人民的意见和建议，接受人民的监督，努力为人民服务。第 41 条规定，公民对于任何国家机关和国家工作人员，有提出批评和建议的权利；对于任何国家机关和国家工作人员的违法失职行为，有向有关国家机关提出申诉、控告或者检举的权利。对于公民的申诉、控告或者检举，有关国家机关必须查清事实，负责处理。任何人不得压制和打击报复。由于国家机关和国家工作人员侵犯公民权利而受到损失的人，有依照法律规定取得赔偿的权利。

在单位管理中，专业技术人员的政治权利和自由不容侵犯。如单位不得因专业技术人员个人主张和见解使其受到不公正待遇等；在不违背社会道德的情况下，不得因专业技术人员个人生活偏好、生活方式或业余参加社会活动等而对其进行干预。

(五) 受教育权

教育是实现社会公平正义的重要保障。《世界人权宣言》强调，人人都有受教育的权利，教育应当免费，至少在初级和基本阶段应如此。初级教育应属义务性质。技术和职业教育应普遍设立。高等教育应根据成绩而对一切人平等开放。

我国《宪法》明确指出，公民有受教育的权利和义务。国家发展社会主义的教育事业，提高全国人民的科学文化水平。国家举办各种学校，普及初等义务教育，发展中等教育、职业教育和高等教育，并且发展学前教育。国家发展各种教育设施，扫除文盲，对工人、农民、国家工作人员和其他劳动者进行政治、文化、科学、技术、业务的教育，鼓励自学成才。国家鼓励集体经济组织、企业、事业组织和其他社会力量依照法律规定举办各种教育事业。

对专业技术人员而言，受教育权主要体现在专业技术人员接受继续教育权利的保护上，用人单位应依法保护专业技术人员享有继续教育的权利。

（六）文化权利

文化权利是指公民参加文学艺术创作、科学研究和其他文化活动的自由。《世界人权宣言》指出，人人应有权自由参加社会的文化生活，享受艺术，并分享科学进步及其产生的福利。我国《宪法》将文化权利列为公民重要的权利并予以保障。《宪法》规定，公民有进行科学研究、文学艺术创作和其他文化活动的自由。国家对于从事教育、科学、技术、文学、艺术和其他文化事业的公民的有益于人民的创造性工作，给予鼓励和帮助。国家发展自然科学和社会科学事业，普及科学和技术知识，奖励科学研究成果和技术发明创造。国家发展为人民服务、为社会主义服务的文学艺术事业、新闻广播电视事业、出版发行事业、图书馆、博物馆、文化馆和其他文化事业，开展群众性的文化活动。国家发展体育事业，开展群众性的体育活动，增强人民体质。专业技术人员是我国科学、文化事业发展的关键力量，其文化权利保障至关重要。

除上述权利外，我国《宪法》规定的基本公民权利还包括劳动权、休息权、社会保障权、通信自由权、创业权、环境权等。如《宪法》规定，公民的通信自由和通信秘密受法律的保护。在法律规定范围内的个体经济、私营经济等非公有制经济，是社会主义市场经济的重要组成部分，国家保护个体经济、私营经济等非公有制经济的合法的权利和利益。国家保护和改善生活环境和生态环境，防治污染和其他公害等。这些都对维护专业技术人员的权利具有法律约束力。

三、专业技术人员的劳动权

劳动权是具有劳动能力的公民获得工作机会并享有相应报酬和社会保障的权利，是我国《宪法》规定的重要基本权利，也是一项重要的基本人权。

劳动权内涵丰富，既是自由权，又是一种受益权；既是一种生存和发展权，又涉及公民人身权利、政治权利、经济权利和社会文化权利等各个领域。在生存和发展权方面，劳动权为劳动者及其家庭提供了获取社会生活资料的机会和手段，是实现其他权利的重要基础；在人身权利方面，劳动权涉及劳动者职业安全和生命健康权，也是劳动者价值和尊严的体现；在政治权利方面，劳动权涉及参加工会、参与民主管理等权利；在经济权和财产权方面，劳动权涉及劳动报酬、经济收入、社会保障等权利；在社会文化权利方面，劳动权涉及就业培训、继续教育、休闲休假等权利。因此，劳动权是各国宪法优先保障的基本权利之一。

劳动权的概念有狭义和广义之说。狭义的劳动权仅指就业权，即自由择业和平等就业的权利；广义的劳动权则包含劳动、生产和人力资源管理全过程所涉及的，与聘用和管理有关的全部权利，如获得报酬的权利、职业安全保障权、就业培训权、管理公正权、争议救济权以及人力资源社会保障法律规定的其他权利。劳动权是一项属于每一个人的单独权利，同时也是一项集体权利。因此，劳动权又可分为个人劳动权和集体劳动权。

《宪法》规定，公民有劳动的权利和义务，劳动者有休息的权利。《劳动法》在总则中列明了劳动权的基本内容，包括劳动者享有平等就业和选择职业的权利、取得劳动报酬的权利、休息休假的权利、获得劳动安全卫生保护的权利、接受职业技能培训的权利、享受社会保险和福利的权利、提请劳动争议处理的权利以及法律规定的其他劳动权利。劳动者有权依法参加和组织工会。工会代表和维护劳动者的合法权益，依法独立自主地开展活动。劳动者依照法律规定，通过职工大会、职工代表大会或者其他形式，参与民主管理或者就保护劳动者合法权益与用人单位进行平等协商。

在我国，专业技术人员主要集中于事业单位，是我国专业性公共服务的提供者。随着市场经济的发展，企业特别是非公经济组织的专业技术人员数量逐步增加。尽管事业单位专业技术人员在人力资源管理方面有一定的特殊性，事业单位专业技术人员作为公共服务机构人员，与国家存在特别人事关系，某些劳动权利可能受到法律限制，本书将在相关章节进行专门分析，但作为劳动者，他们与其他劳动者一样，享有基本的劳动权。劳动权的具体内容包括以下方面：

(一) 就业权

就业权包括平等就业权和自由择业权，是劳动权的首要内容和基本要求。平等就业就是就业机会平等，公民在就业过程中不应受到歧视和不公平对待。自由择业就是公民有权根据自身偏好选择适合的工作，除法律规定外，不得受到不公正的限制。公民有权拒绝各种形式的强迫劳动。联合国《经济、社会及文化权利国际公约》确认缔约国有义务确保个人有自由选择或接受工作的权利，其中包括有权不被不合理地剥夺工作。国家应通过增加市场活力，完善就业公共服务，为公民提供充分的就业机会，并通过市场监管，消除就业歧视。

(二) 获取报酬权

劳动报酬是劳动者通过自己的劳动和付出所应获得的物质利益，包括工资和其他合法劳动收入。我国《劳动法》规定，工资应当以货币形式按月支付给劳动者本人，不得克扣或者无故拖欠，不得低于当地最低工资标准。劳动者在法定休假日和婚丧假期间以及依法参加社会活动期间，用人单位应当依法支付工资。

(三) 休息休假权

劳动者在工作过程中享有休息、休假和休养的权利。我国《宪法》和《劳动法》规定，国家发展社会福利事业，兴建公共福利设施，为劳动者休息、休养和疗养提供条件。规定职工的工作时间和休假制度，实行劳动者每日工作时间不超过 8 小时，平均每周工作时间不超过 44 小时的工时制度。用人单位由于生产经营需要，经与工会和劳动者协商后可以延长工作时间，但应符合法律规定，并对劳动者给予经济补偿。

（四）劳动安全权

劳动者在工作过程中享有使自己的生命安全和身体健康免遭职业危害并得到有效保护的权利。劳动者有权要求获得符合劳动安全卫生标准的劳动条件；有权获取必要的劳动防护用品；有权获得劳动安全卫生知识教育；有权要求进行定期健康检查；有权拒绝执行用人单位及其管理人员的违章指挥、强令冒险作业要求；有权采取紧急避险行为，有权要求防止劳动过程中的事故，减少职业危害；有权对危害生命安全和身体健康的行为提出批评、检举和控告。

（五）职业培训权

劳动者有权要求国家、用人单位提供足够的条件和设施进行继续教育和培训，以提高自身工作技能和水平。随着科技进步和知识更新速度的加快，落实专业技术人员的继续教育权，对我国建设创新型国家、提高企业的国际竞争力极为重要。用人单位作为职业培训权的义务主体之一，应为包括专业技术人员在内的劳动者享受继续教育和职业培训提供必要的时间、设施和经费等条件保障。

（六）社会保障权

我国《宪法》规定，国家建立健全同经济发展水平相适应的社会保障制度，并实行企业、事业组织的职工和国家机关工作人员的退休制度，退休人员的生活受到国家和社会的保障。公民在年老、疾病或者丧失劳动能力的情况下，有从国家和社会获得物质帮助的权利。国家发展为公民享受这些权利所需要的社会保险、社会救济和医疗卫生事业。

（七）公正管理权

劳动者在工作中享有被公正管理、公平对待的权利，包括不因出身、地位、性别等身份差别而在聘用合同、报酬、晋升、奖惩、培训、事业发展等方面受到不公正的待遇。联合国《经济、社会及文化权利国际公约》强调，人人在其行业中有适当的提级的同等机会，除资历和能力的考虑外，不受其他考虑的限制。公正管理权是就业平等和反就业歧视的重要内容，是保证劳动者个人价值和尊严受到尊重和承认的必然要求。

(八) 劳动争议提请处理权

劳动争议是劳动者与用人单位基于人事和劳动关系，围绕劳动权利或利益所发生的争执。劳动争议提请处理权是指劳动者在劳动过程中因权益问题与用人单位发生争议时，享有依法申请调解、仲裁和提起诉讼的权利。这是劳动者维护自己合法劳动权益的有效途径和保障措施。劳动争议提请处理权具体包括以下内容：一是争议处理方式选择权，用人单位和劳动者发生劳动争议时，当事人可以依法依次申请调解、仲裁和提起诉讼，也可以协商解决；二是请求劳动争议处理机构依法受理争议的权利，要求劳动争议处理机构受理争议，是劳动者该项权利的实质和核心；三是控告权，即当劳动者的合法权益遭受侵害，劳动者行使请求争议处理权，而处理机构又不依法受理时，劳动者有权检举和控告。劳动争议提请处理权是专业技术人员接受权利救济的重要通道。[①]

(九) 参与管理权

劳动者在工作中有参与单位管理的权利，包括对单位重要规章制度、重大事项和日常管理的建议权、讨论权、知情权、参与权和一定形式的决策权。根据法律规定，劳动者有向国家和单位提出合理化建议的权利。《劳动法》第8条规定，劳动者依照法律规定，通过职工大会、职工代表大会或者其他形式，参与民主管理或者就保护劳动者合法权益与用人单位进行平等协商。

---

① 谢宝富，刘庆志. 劳动权的权利谱系分析 [J]. 江苏行政学院学报，2008 (6)：116.

> **知识链接**

不断提高地位待遇，真正让教师成为令人羡慕的职业①

明确教师的特别重要地位。突显教师职业的公共属性，强化教师承担的国家使命和公共教育服务的职责，确立公办中小学教师作为国家公职人员特殊的法律地位，明确中小学教师的权利和义务，强化保障和管理。各级党委和政府要切实负起中小学教师保障责任，提升教师的政治地位、社会地位、职业地位，吸引和稳定优秀人才从教。公办中小学教师要切实履行作为国家公职人员的义务，强化国家责任、政治责任、社会责任和教育责任。

完善中小学教师待遇保障机制。健全中小学教师工资长效联动机制，核定绩效工资总量时统筹考虑当地公务员实际收入水平，确保中小学教师平均工资收入水平不低于或高于当地公务员平均工资收入水平。完善教师收入分配激励机制，有效体现教师工作量和工作绩效，绩效工资分配向班主任和特殊教育教师倾斜。实行中小学校长职级制的地区，根据实际实施相应的校长收入分配办法。

大力提升乡村教师待遇。深入实施乡村教师支持计划，关心乡村教师生活。认真落实艰苦边远地区津贴等政策，全面落实集中连片特困地区乡村教师生活补助政策，依据学校艰苦边远程度实行差别化补助，鼓励有条件的地方提高补助标准，努力惠及更多乡村教师。加强乡村教师周转宿舍建设，按规定将符合条件的教师纳入当地住房保障范围，让乡村教师住有所居。拿出务实举措，帮助乡村青年教师解决困难，关心乡村青年教师工作生活，巩固乡村青年教师队伍。在培训、职称评聘、表彰奖励等方面向乡村青年教师倾斜，优化乡村青年教师发展环境，加快乡村青年教师成长步伐。为乡村教师配备相应设施，丰富精神文化生活。

维护民办学校教师权益。完善学校、个人、政府合理分担的民办学校教

---

① 摘自2018年1月20日中共中央、国务院印发的《关于全面深化新时代教师队伍建设改革的意见》。

师社会保障机制，民办学校应与教师依法签订合同，按时足额支付工资，保障其福利待遇和其他合法权益，并为教师足额缴纳社会保险费和住房公积金。依法保障和落实民办学校教师在业务培训、职务聘任、教龄和工龄计算、表彰奖励、科研立项等方面享有与公办学校教师同等权利。

推进高等学校教师薪酬制度改革。建立体现以增加知识价值为导向的收入分配机制，扩大高等学校收入分配自主权，高等学校在核定的绩效工资总量内自主确定收入分配办法。高等学校教师依法取得的科技成果转化奖励收入，不纳入本单位工资总额基数。完善适应高等学校教学岗位特点的内部激励机制，对专职从事教学的人员，适当提高基础性绩效工资在绩效工资中的比重，加大对教学型名师的岗位激励力度。

提升教师社会地位。加大教师表彰力度。大力宣传教师中的"时代楷模"和"最美教师"。开展国家级教学名师、国家级教学成果奖评选表彰，重点奖励贡献突出的教学一线教师。做好特级教师评选，发挥引领作用。做好乡村学校从教30年教师荣誉证书颁发工作。各地要按照国家有关规定，因地制宜开展多种形式的教师表彰奖励活动，并落实相关优待政策。鼓励社会团体、企事业单位、民间组织对教师出资奖励，开展尊师活动，营造尊师重教良好社会风尚。

建设现代学校制度，体现以人为本，突出教师主体地位，落实教师知情权、参与权、表达权、监督权。建立健全教职工代表大会制度，保障教师参与学校决策的民主权利。推行中国特色大学章程，坚持和完善党委领导下的校长负责制，充分发挥教师在高等学校办学治校中的作用。维护教师职业尊严和合法权益，关心教师身心健康，克服职业倦怠，激发工作热情。

四、专业技术人员的职业权益

专业技术人员的职业权益是指从事专业技术工作所需要的经常性、共同性的权利，是公民基本权利在专业技术领域的集中体现。专业技术人员的职业权利不应理解为专业技术人员专有的、排他性的权利,其他公民在相同条件下,具有与专业技术人员一样的权利。

专业技术人员的权益保障在我国具有重要法律地位。《宪法》第 23 条规定,国家培养为社会主义服务的各种专业人才,扩大知识分子的队伍,创造条件,充分发挥他们在社会主义现代化建设中的作用。除《宪法》外,我国专业技术人员管理法律法规对专业技术人员权益和社会地位还进行了专门规定。如《科学技术进步法》第 48 条规定,科学技术人员是社会主义现代化建设事业的重要力量。国家采取各种措施,提高科学技术人员的社会地位,通过各种途径,培养和造就各种专门的科学技术人才,创造有利的环境和条件,充分发挥科学技术人员的作用。《教师法》规定,各级人民政府应当采取措施,加强教师的思想政治教育和业务培训,改善教师的工作条件和生活条件,保障教师的合法权益,提高教师的社会地位。全社会都应当尊重教师。

专业技术人员的职业权益表现在专业技术工作的各个领域。除《宪法》和法律规定的基本权利外,主要包括专业技术人员的执业权、能力认证或评价权、知识产权、学术自由权等。

(一) 执业权

执业权是指国家在关系社会公共利益、公共安全和直接关系人身健康、生命财产安全的关键和特殊职业领域所采取的行政许可限制,执业人必须具备一定的专业技术知识、能力和水平才能从事相关职业。同时,获得执业许可权的人员,执业权受到法律保护。

如《执业医师法》规定,全社会应当尊重医师,医师依法履行职责,受法律保护。医师经注册后,可以在医疗、预防、保健机构中按照注册的执业地点、执业类别、执业范围执业,从事相应的医疗、预防、保健业务。医师在执业活动中,人格尊严、人身安全不受侵犯。

《律师法》规定,律师依法执业受法律保护,任何组织和个人不得侵害律师的合法权益。律师执业不受地域限制。律师有权会见犯罪嫌疑人、被告人并了解有关案件情况,并不被监听;有权查阅、摘抄和复制与案件有关的诉讼文书及案卷材料；有权申请人民检察院、人民法院收集、调取证据或者申请人民法院通知证人出庭做证。

《注册建筑师条例》规定，注册建筑师有权以注册建筑师的名义执行注册建筑师业务。非注册建筑师不得以注册建筑师的名义执行注册建筑师业务。国家规定的一定跨度、跨径和高度以上的房屋建筑，应当由注册建筑师进行设计。任何单位和个人修改注册建筑师的设计图纸，应当征得该注册建筑师的同意。

《注册会计师法》规定，注册会计师和会计师事务所依法独立、公正执行业务，受法律保护。注册会计师依法执行审计业务出具的报告，具有证明效力。

知识链接

依法保障律师诉讼权利和规范律师参与庭审活动[①]

各级人民法院及其工作人员要尊重和保障律师诉讼权利，严格执行法定程序，平等对待诉讼各方，合理分配各方发问、质证、陈述和辩论、辩护的时间，充分听取律师意见。对于律师在法庭上就案件事实认定和法律适用的正常发问、质证和发表的辩护代理意见，法官不随意打断或者制止；但是，攻击党和国家政治制度、法律制度的，发表的意见已在庭前会议达成一致、与案件无关或者侮辱、诽谤、威胁他人，故意扰乱法庭秩序的，审判长或者独任审判员可以根据情况予以制止。律师明显以诱导方式发问，公诉人提出异议的，审判长或者独任审判员审查确认后，可以制止。

法庭审理过程中，法官应当尊重律师，不得侮辱、嘲讽律师。审判长或者独任审判员认为律师在法庭审理过程中违反法庭规则、法庭纪律的，应当依法给予警告、训诫等，确有必要时可以休庭处置，除当庭攻击党和国家政治制度、法律制度等严重扰乱法庭秩序的，不采取责令律师退出法庭或者强

[①] 摘自2018年4月21日最高人民法院、司法部《关于依法保障律师诉讼权利和规范律师参与庭审活动的通知》。

行带出法庭措施。确需司法警察当庭对律师采取措施维持法庭秩序的，有关执法行为要规范、文明，保持必要、合理限度。律师被依法责令退出法庭、强行带出法庭或者被处以罚款后，具结保证书，保证服从法庭指令、不再扰乱法庭秩序的，经法庭许可，可以继续担任同一案件的辩护人、诉讼代理人；具有擅自退庭、无正当理由不按时出庭参加诉讼、被拘留或者具结保证书后再次被依法责令退出法庭、强行带出法庭的，不得继续担任同一案件的辩护人、诉讼代理人。人民法院应当对庭审活动进行全程录像或录音，对律师在庭审活动中违反法定程序的情形应当记录在案。

律师认为法官在审判过程中有违法违规行为的，可以向相关人民法院或其上一级人民法院监察部门投诉、举报，人民法院应当依法作出处理并及时将处理情况答复律师本人，同时通报当地司法行政机关、律师协会。对社会高度关注的，应当公布结果。律师认为法官侵犯其诉讼权利的，应当在庭审结束后，向司法行政机关、律师协会申请维护执业权利，不得以维权为由干扰庭审的正常进行，不得通过网络以自己名义或通过其他人、媒体发表声明、公开信、敦促书等炒作案件。

各级人民法院、司法行政机关要注重发现宣传人民法院依法尊重、保障律师诉讼权利和律师尊重法庭权威、遵守庭审纪律的典型，大力表彰先进，发挥正面引领作用。同时，要通报人民法院、司法行政机关侵犯律师正当权利、处置律师违法违规行为不当以及律师违法违规执业受到处罚处分的典型，教育引导法官和律师自觉树立正确观念，彼此尊重、相互支持、相互监督，为法院依法审判、律师依法履职营造良好环境。

(二) 能力认证或评价权

专业技术人员对自身拥有的专业技术能力和水平，有权提请或参与国家、单位和其他社会组织进行公正、科学的认证和评价，获得相应的学衔、称号或奖励。能力认证或评价权包括专业学位、任职资格、专业技术等级评定、荣誉称号、表彰奖励等多方面的权利，是对专业技术人员的能力、学识的肯定，是对专业技术人员专业地位和个人价值的尊重和认可，对专业技术人员具有重要激励作用。

国家有关法律法规对专业技术人员的能力认证或评价权进行了专门规定。如《科学技术进步法》第8条规定，国家建立和完善有利于自主创新的科学技术评价制度。科学技术评价制度应当根据不同科学技术活动的特点，按照公平、公正、公开的原则，实行分类评价。第15条规定，国家建立科学技术奖励制度，对在科学技术进步活动中作出重要贡献的组织和个人给予奖励。《教师法》规定，教师在教育教学、培养人才、科学研究、教学改革、学校建设、社会服务、勤工俭学等方面成绩优异的，由所在学校予以表彰、奖励。国务院和地方各级人民政府及其有关部门对有突出贡献的教师，应当予以表彰、奖励。对有重大贡献的教师，依照国家有关规定授予荣誉称号。

(三) 知识产权

专业技术人员拥有自身智力劳动所获得成果的精神和物质利益，并具有依法占有、使用、收益和处分智力成果的权利。知识产权是专业技术人员重要的职业权利。根据民法规定，知识产权是权利人依法就下列客体享有的专有的权利：(1) 作品；(2) 发明、实用新型、外观设计；(3) 商标；(4) 地理标志；(5) 商业秘密；(6) 集成电路布图设计；(7) 植物新品种；(8) 法律规定的其他客体等。知识产权保护是开发和利用知识资源的基本制度，知识产权保护制度通过合理确定人们对于知识及其他信息的权利，调整人们在创造、运用知识和信息过程中产生的利益关系，激励创新，推动经济发展和社会进步。

(四) 学术自由权

专业技术人员在专业技术工作中享有依法参与专业技术交流、参加专业团体进行独立思考和判断，并发表专业见解、学术成果等权利，包括专业自主权、学术交流权、成果发布权、专业社团参加权、专业批评权和建议权等。学术自由权应在国家的法律政策要求范围内行使。

自由宽松的外部环境是知识创新的重要条件，也是专业技术人员创造性地从事专业技术工作的基本要求。如美国国家科学院前院长弗兰克·普雷司认为，研究工作最吸引人的特点之一，是它赋予科学家以极大的个人自由——寻求激动人心的机会的自由，与其他科学家交流思想的自由，向传统的学识挑战的自由。卓越的科研需要这些自由。[①]

我国《宪法》和其他法律对学术自由权进行了规定。《宪法》规定，公民有进行科学研究、文学艺术创作和其他文化活动的自由。《科学技术进步法》规定，国家保障科学技术研究开发的自由，鼓励科学探索和技术创新；科学技术研究开发机构、高等学校、企业、事业组织和公民有权依法自主选择课题，从事基础研究、前沿技术研究和社会公益性技术研究；鼓励科学技术研究开发机构、高等学校、科学技术人员、科学技术社会团体和企业、事业组织依法开展国际科学技术合作与交流；科学技术人员有依法创办或者参加科学技术社会团体的权利；科学技术协会和其他科学技术社会团体的合法权益受法律保护。

《律师法》规定，律师担任诉讼代理人或者辩护人的，其辩论或者辩护的权利依法受到保障。律师在法庭上发表的代理、辩护意见不受法律追究。但是，发表危害国家安全、恶意诽谤他人、严重扰乱法庭秩序的言论除外。

《教师法》规定，教师可以从事科学研究、学术交流，参加专业的学术团体，在学术活动中充分发表意见。《执业医师法》规定，医师从事医学研究、学术交流，参加专业学术团体，可以依法组织和参加医师协会。《注册建筑师条例》规定，注册建筑师可以组建注册建筑师协会，维护会员的合法权益。

专业技术人员作为特定社会群体，其职业权益是建立在公民权利的基础之上的，职业权利与公民基本权利是不可分割的统一体，对知识创新而言，仅仅关注某些方面的特定职业权利是不够的。没有对公民权利的全面保障，专业技术人员职业权利的保障也不能从根本上实现。

---

① 郭传杰. 维护科学尊严 [M]. 长沙：湖南教育出版社，1996：214.

第二节 专业技术人员权益的保障

我国《宪法》和其他法律规定的专业技术人员权益保障的义务主体主要包括国家、用人单位、社会团体等。其中，国家包括立法机关、行政机关、司法机关等；用人单位包括国家机关、企业、事业单位等用人主体；社会团体包括工会、妇联、科技协会以及其他社团组织等。专业技术人员也可通过新闻媒体、公益性维权机构等保障自身权益。与之相应，专业技术人员权益保障的方式多样，这些方式因保障主体的不同而不同。

一、权益保障的国家责任

国家是维护专业技术人员权益最为重要的责任主体。国家通过法律的制定和执行，为专业技术人员权益的实现提供良好的法治环境，降低专业技术人员的维权成本，增强专业技术人员的权利意识。

（一）遵守义务

国家对专业技术人员权益保障的义务实际上是强调国家应尊重、承认专业技术人员的各项应有权益，主要是通过宪法、法律、法规、规章、政策使应有权益法定化，其义务主体主要涉及具有立法权或规则制定权的国家机构。根据《立法法》，这些国家机构包括全国人民代表大会及其常务委员会；国务院；省、自治区、直辖市和设区的市的人民代表大会及其常务委员会；国务院各部、委员会、中国人民银行、审计署和具有行政管理职能的直属机构；省、自治区、直辖市和设区的市、自治州的人民政府等。这些机构可以分别制定法律、行政法规、地方性法规、部门规章和地方规章等。但对公民政治权利的剥夺、限制人身自由的强制措施和处罚、对非国有财产的征收和征用、民事基本制度、诉讼和仲裁制度等事项，只能制定法律。

（二）保护义务

保护义务要求有关国家机构依法采取措施，防止专业技术人员各项权益受到来自任何方面的侵害，包括用人单位以及国家机构及其工作人员的侵害。如通过政府监管防止和处罚侵权行为；通过复议、复核、调解、仲裁、诉讼等司法或准司法手段，帮助专业技术人员解决与其他主体发生的权益争议，挽回侵权损失。

在履行国家保护义务方面，政府及其部门的执法和监管十分重要。如在劳动权保障方面，人力资源社会保障部门（劳动行政部门）必须依法履行职责。我国《劳动法》规定，县级以上各级人民政府劳动行政部门依法对用人单位遵守劳动法律、法规的情况进行监督检查，对违反劳动法律、法规的行为有权制止，并责令改正。劳动行政部门或者有关部门的工作人员滥用职权、玩忽职守、徇私舞弊，构成犯罪的，依法追究刑事责任；不构成犯罪的，给予行政处分；有关部门对劳动者举报、投诉等不及时采取措施，则构成行政不作为，也应承担法律责任。

(三) 实现义务

当专业技术人员因个人或外部无法控制的原因不能实现法定权益时，国家应采取措施促进这些权益的实现，使之成为实有权益。如国家通过促进经济发展，为专业技术人员提供就业岗位；通过财政预算提高专业技术人员的各项经济待遇；通过创造有利的工作条件和社会环境，提高专业技术人员的社会地位；通过完善继续教育设施，帮助专业技术人员提高工作能力；通过构建公共就业服务体系，为专业技术人员流动提供便利等。

二、权益保障的单位责任

用人单位对专业技术人员的劳动权和其他公民权利的保障和实现负有重要责任，其基本义务是必须尊重和遵守法律规定，不得侵犯专业技术人员的合法权益。

值得注意的是，在保护专业技术人员劳动权益方面，不同的用人单位适用不同的法律规定。如《劳动合同法》第2条规定，在我国境内的企业、个体经济组织、民办非企业单位等组织与劳动者建立劳动关系，订立、履行、变更、解除或者终止劳动合同，适用该法。国家机关、事业单位、社会团体和与其建立劳动关系的劳动者，订立、履行、变更、解除或者终止劳动合同，依照该法执行。第 96 条规定，事业单位与实行聘用制的工作人员订立、履行、变更、解除或者终止劳动合同，法律、行政法规或者国务院另有规定的，依照其规定；未作规定的，依照该法有关规定执行。这实际上对事业单位专业技术人员的法律适用进行了特殊规定。

三、权益保障的团体责任

在我国，工会、妇联、科技协会和其他协会、学会组织等对专业技术人员权益保障也承担一定的法定职责。

《劳动法》第 88 条规定，各级工会依法维护劳动者的合法权益，对用人单位遵守劳动法律、法规的情况进行监督。《工会法》规定，工会必须密切联系职工，听取和反映职工的意见和要求，关心职工的生活，帮助职工解决困难，全心全意为职工服务。企业、事业单位违反劳动法律、法规，侵犯职工合法权益，工会有权要求企业、事业单位予以改正；企业、事业单位拒不改正的，工会可以请求当地人民政府依法作出处理。

除工会外，其他人民团体和专业协会、学会也具有保障专业技术人员权益的责任。如《妇女权益保障法》规定，中华全国妇女联合会和地方各级妇女联合会依照法律和中华全国妇女联合会章程，代表和维护各族各界妇女的利益，做好维护妇女权益的工作。《科学技术进步法》规定，科学技术协会和其他科学技术社会团体应按照章程，在促进学术交流、推进学科建设、发展科学技术普及事业、培养专门人才、开展咨询服务、加强科学技术人员自律和维护科学技术人员合法权益等方面发挥作用。

第三节 专业技术人员权益保护的意义

专业技术人员是重要的职业群体，是专门知识的拥有者、利用者和传播者，是促进生产力进步、推动知识和技术创新的重要力量，是国家不可或缺的宝贵财富。在 21 世纪，专业技术人员的规模和素质已成为国家综合国力的重要体现，专业技术人员的社会地位和权益保护状况，是一个国家文明进步的重要标志。

一、专业技术人员为什么要重视维护自身权益

专业技术人员的权益保护是专业技术人员权益得以确认和实现的过程，其目标在于推动专业技术人员的权益由应有权益、法定权益向实有权益转化。应有权益是指每个人作为社会个体从理论或道德角度观察所应拥有的各种权利；法定权益是指国家通过明文规定对公民应有权利进行的法律承认，通常只有法律规定的权利才能受到国家的保护；实有权益是指公民在社会生活中实际享有的权利。

在民主法治建设的进程中，专业技术人员的权利意识对自身权益的维护具有十分重要的意义。

（一）树立权利意识，重视自身权益保护，是专业技术人员全面实现各项权益的重要前提和基础

权益的实现和保护需要法治化的社会环境和制度体系，但我们每个人的权利意识却是全社会权益保护的源泉和出发点。个人权益的实现是每个人积极努力的结果，而不是外界的赐予和施舍。如果自己都不尊重个人权益，而将权益保护完全视为他人的责任，个人权益就会难以全面、真正地实现。

随着时代的进步，我国专业技术人员作为社会知识群体，权利意识正在逐步增强，并拥有尊重他人权利的强烈社会责任感，但受传统文化影响，总体上专业技术人员对自身权益的重视程度仍有待提高。儒家的重义轻利、道家的无为不争、佛家的宽恕等为人处世原则，对很多专业技术人员的人生修养和权利观念产生了深刻影响，这种利他性、自省性的价值观念，是中国传统文化所在，需要不断继承和发扬光大，但也需要通过吸收现代法治和权利观念，使之更加丰富和完善，以提升专业技术人员对社会进步的贡献和责任

担当。

(二) 增强专业技术人员的权利意识是专业技术人员形成健全人格和现代公民素养的需要

权利意识是个人作为现代公民的基本素质,"权利思想之强弱,实为其人品格之所关"。美国心理学家马斯洛在《动机与人格》中也强调:如果不考虑人生最远大的抱负,便永远不会理解人生本身。成长,自我实现,追求健康,寻找自我和独立,渴望达到尽善尽美(以及向上努力的其他说法),这一切现在都应被当作一种广泛的,也许还是普遍的人类趋势而毫无疑问地接受下来。① 专业技术人员作为知识阶层,具有自我完善的精神追求,而权利意识的养成则影响着其人格和素质。

(三) 增强个人权利意识、维护个人权益是专业技术人员的重要社会责任和义务

专业技术人员对自身权益的维护具有重要的社会意义,有助于推动整个社会的法治进步。马克思曾指出,一个人有责任不仅为自己本人,而且为每一个履行自己义务的人要求人权和公民权。没有无义务的权利,也没有无权利的义务。② 在这里,马克思将为别人争取权利,作为个人对他人的基本义务。德国著名法学思想家耶林更直接地指出,个人的权利意识和对权利的追求是个人对自己的义务,更是对社会的义务。一个人因为谨小慎微、胆小怕事、明哲保身而放弃权利,对社会则意味着逃避个人应尽的责任,就不会有为社会、国家的公共利益服务的精神和责任感。

(四) 个人权利意识和权利追求是经济社会进步的动力源泉

每个人的自由发展是一切人的自由发展的条件,追求利益是人类一切社会活动的动因。个人对权益实现的追求,可以激发人的进取心,促进社会财富的积累和文明的进步。

---

① 马斯洛. 动机与人格 [M]. 北京:华夏出版社,1987:5.
② 马克思,恩格斯. 马克思恩格斯全集:第16卷 [M]. 北京:人民出版社,1976:16.

知识链接

为权利而斗争[①]

主张自己的生存，是一切生物的最高法则。任何生物都有自我保护的本能。但对人类而言，人不但是肉体的生命，同时还有精神的生存问题，精神生存条件之一即主张权利。人在权利之中方具有精神的生存条件，并依靠权利保护精神的生存条件。因此，主张权利是精神上的自我保护义务，完全放弃权利（今日不可能，但曾经可能过）是精神上的自杀。之所以如此，是因为这些生存条件仅凭法的抽象的保证是不充分的，需要权利主体的具体主张。

只有当强盗对被害人作出是选择生命还是金钱的威胁时，主张所有权的义务与维持生命这一更高层次义务相冲突，才使放弃所有权成为合理的，但是除此情形以外，对于蔑视自己人格、践踏权利的行为，用尽一切可能的手段加以回击是每个人对自己的义务。

当恣意妄为和无法无天的九头蛇希多拉神抬头之时，每个人都有踏上一只脚的命令和义务。受法庇护的人都应该尽其所能为保护法的威力和威信作出贡献。总之，在社会利益上每个人都是为权利而斗争的天生的斗士。

没有勇敢地保护自己权利习惯的人又怎么会迫于冲动，心甘情愿地为了全体献出自己的生命和财产？因图安逸和胆小怕事而放弃自己正当权利的人，对自己人格和名誉上蒙受的观念上损害完全不理解的人，经常只用物质尺度衡量法的事情的人，对这些人当国家权利和名誉发生问题时，能指望他们利用另外的尺度，拿出别样的感情吗？

由于个人的权利遭侵害、被否定，导致法本身遭侵害、被否定，因此保护主张个人的权利也就是在保护和主张法。权利主体为权利而斗争，由此这将获得多么伟大的意义啊！

---

① 耶林. 为权利而斗争[M]. 郑永流，译. 北京：法律出版社，2012.

二、专业技术人员权益保护对组织发展的意义

用人单位是专业技术人员为之工作并获取报酬的社会组织，是社会经济运行的基本细胞。保护专业技术人员和其他劳动者的权益不仅是用人单位的基本社会责任，对单位自身的健康发展也具有重要意义。

（一）保护专业技术人员权益是用人单位生存发展的需要

用人单位作为社会组织，为社会提供有益的产品或服务是其存在和发展的前提和基础。用人单位社会功能和价值的实现离不开包括专业技术人员在内的劳动者的劳动和付出。保护专业技术人员和其他劳动者权益，既是用人单位的基本义务和职责，也是激励他们为组织目标服务、促进组织发展的客观需要。

（二）保护专业技术人员权益是用人单位必须履行的基本社会责任

社会责任是指用人单位对其利害关系人应负的责任。利害关系人是指所有可以被组织影响，或会被组织的决策和行动影响的个人和群体。如企业作为经济主体，其利害关系人包括员工、顾客、合作伙伴、投资者等。其中，最直接的利害关系人是单位自身的员工，保护员工权益是组织履行其社会责任的基本要求。在经济全球化时代，企业对员工职业安全、工资福利等权利的保护正成为商业规则和法律制度的一部分，对其品牌形象和市场拓展具有不可忽视的重要影响。

（三）保护专业技术人员权益是提升组织效率和竞争力的需要

随着时代的发展，人的知识和能力越来越成为国家和组织竞争力的来源和体现，知识工作者或专业技术人员在组织中的地位不断提高。管理专家德鲁克认为，知识工作者拥有自己的生产工具——他们的头脑，这是很大的资本。因此，他们可以在劳动力市场上来去自如，对组织的依赖程度大大降低。重视对专业技术人员权益的保护，可以提升组织的创新能力和竞争力，为组织带来巨大的增值空间和更高的经济回报。

三、专业技术人员权益保护的社会意义

专业技术人员权益保护是国家公民权保护的重要组成部分。依法保护专业技术人员权益是实施依法治国方略和人才强国战略的必然要求,对促进科技创新、建设民主法治国家具有重要意义。

(一) 保护专业技术人员权益是实施依法治国方略的需要

党的十六大报告提出,要把依法治国作为党领导人民治理国家的基本方略,作为发展社会主义民主政治的一项基本内容。党的十八大报告进一步提出,要更加注重发挥法治在国家治理和社会管理中的重要作用,维护国家法制统一、尊严、权威,保证人民依法享有广泛权利和自由。实施依法治国方略,核心就是要保护公民权利,通过依法行政、公正司法,依法保护公民权利不受侵犯,实现社会公平正义。

(二) 保护专业技术人员权益是实施人才强国战略的要求

人才是我国经济社会发展的第一资源。专业技术人员是我国人才队伍的骨干力量,在促进理论创新、制度创新、科技创新、文化创新等方面具有不可替代的重要作用。随着新经济时代的到来,专业技术人才队伍在经济社会发展中的基础性、战略性、决定性地位和作用日益凸显。全面加强专业技术人才队伍建设,依法保护专业技术人员合法权益,是实施人才强国战略的重要内容,是我国应对激烈的国际竞争、提高自主创新能力、实现经济社会又好又快发展的必然要求。

(三) 保护专业技术人员权益是推进我国权益保护事业不断进步的需要

专业技术人员权益保障是我国人权保障事业的重要组成部分。"贤人在而天下服",专业技术人员作为知识工作者,具有重要的社会影响力和号召力,其权益保护对全社会权益保护有着重要的示范和带动效应,对国家人权保障事业的发展至关重要。

法律连线

主要政策法规

1. 《宪法》
2. 《劳动法》
3. 《科学技术进步法》

思考题

1. 如何理解专业技术人员对自身权益的维护是对自己和社会的义务?
2. 专业技术人员作为职业群体,应该享有哪些与专业或职业有关的权益?
3. 如何理解专业技术人员与其他社会群体的权益保障的关系?
4. 用人单位为什么要承担专业技术人员权益保障的责任?

第二讲 聘用权

学习目的

劳动合同和聘用合同是确立用人单位和专业技术人员之间权利义务关系的协议。用人单位和专业技术人员按照国家有关法律、政策规定，在平等自愿、协商一致的基础上签订劳动合同和聘用合同，这是专业技术人员劳动权保障的关键，有利于促进人力资源合理配置，避免或减少劳动人事争议，维护用工稳定。

通过本讲的学习，专业技术人员应了解和掌握自身在劳动合同和聘用合同订立、履行、变更、解除和维护中所享有的权利和义务，尤其是合同的解除权和维护权，以及经济补偿和赔偿的法定构成要件。

第一节 合同的订立

我国《劳动法》《劳动合同法》《事业单位人事管理条例》等法律法规赋予了专业技术人员和其他劳动者要求用人单位订立劳动合同和聘用合同的权利，并对合同的订立、合同的履行、合同的变更和解除等进行了全面规定，以保障专业技术人员和其他劳动者在合同订立和履行过程中的合法权益。

一、合同的订立权

劳动合同和聘用合同又称劳动契约、聘用协议等，企业等社会经济组织称之为劳动合同，事业单位称之为聘用合同，是专业技术人员和其他劳动者与用人单位确立劳动或人事关系、明确双方权利和义务的协议，具有法定约束力。合同订立权是指专业技术人员和其他劳动者要求依法订立合同的权利，包括订立过程中的平等权、参与权、知情权等。

(一) 劳动合同与聘用合同

我国《劳动合同法》第2条规定，劳动合同适用于企业、个体经济组织、民办非企业单位等组织，同时国家机关、事业单位、社会团体和与其建立劳动关系的劳动者，也应依照该法规定订立、履行、变更、解除或者终止劳动合同。《劳动合同法》第96条规定，事业单位与实行聘用制的工作人员订立、履行、变更、解除或者终止劳动合同，法律、行政法规或者国务院另有规定的，依照其规定；未作规定的，依照该法有关规定执行。

实践中，事业单位实行了与企业劳动合同制不同的聘用合同制，事业单位与工作人员一般签订聘用合同。聘用合同与劳动合同的区别是中国特有的现象，实际还涉及人力资源管理的重要理论问题。从形式上看，二者只是名称不同，都是用人单位与劳动者之间签订的权利义务协议。但从劳动关系的角度看,企业与劳动者之间属于平等自愿的一般劳动关系,而事业单位作为国家设立的从事公共服务的机构,其劳动关系属于一种特殊的劳动关系——公共服务关系,一般称为人事关系。

人事关系与一般劳动关系的区别在于,它不仅涉及用人单位和劳动者的利益,而且直接关系公共利益,如国家利益、公众利益等。对国有单位而言,在单位利益、劳动者利益和公共利益之间,公共利益应具有更加优先的地位,其聘用合同或劳动合同在权利义务规定方面应符合公共利益,并需要特殊的法律规范。

典型案例

人事关系还是劳动关系?[①]

张女士于2012年5月1日入职北京某大学附属医院,并签订一年期聘用合同,约定其岗位为超声诊断室打字员。此后双方多次续订聘用合同,最后一份聘用合同签订时间为2017年6月28日,合同约定期限自2017年7月1日起至2018年6月30日止。2018年5月2日,医院向超声科全体合同制人员传达院内决定,即编制外合同制岗位转变用工情况,聘用合同到期不再续签。2018年6月8日,医院向张女士送达《编制外合同制人员聘用合同终止通知书》,告知合同到期自然终止,不再续聘。

张女士主张该医院属于差额拨款事业单位,其属于编制外人员不享受差额拨款,其于2012年5月1日至2018年6月30日期间与医院存在劳动关系,医院未续订合同应支付其终止经济补偿金,医院未向其发放其在职期间的绩效工资应予支付。

医院主张其依照相关规定与张女士签订聘用合同,编制内与编制外的职工在管理上均一致,编制外岗位与编制内岗位均按照相关规定进行审批,对于绩效奖金的发放并未区分编内编外人员,双方之间为人事关系而非劳动关

---

① 改编自北京市第二中级人民法院民事判决书(2019)京02民终12601号,http://www.bjcourt.gov.cn/cpws/paperView.htm?id=100898963009&n=3

系，张女士主张终止合同的经济补偿金缺乏依据。

医院出具的北京市事业单位岗位设置审核表显示，医院岗位总量为1 800个，编制人员数额为1 246人，其上主管部门意见处加盖有"北京市医院管理局组织与人力资源管理处"章，政府人事部门意见处加盖有"北京市人力资源和社会保障局事业单位人事管理处"章。关于一次性绩效工资项目的实施方案显示，绩效工资在人员发放范围上均包含正式职工及合同制聘用人员。

一审法院认为，本案的争议焦点在于张女士与医院之间建立的法律关系是人事关系还是劳动关系。第一，北京市《关于机关事业单位做好签订聘用、劳动合同工作有关问题的通知》第2条规定：机关事业单位的编外用工，由各单位根据现行管理模式和实际情况，签订聘用合同或签订劳动合同，签订聘用合同的，按照《北京市事业单位聘用合同制试行办法》的有关规定执行。《北京市事业单位聘用合同制试行办法》第2条规定：事业单位聘用合同制是指事业单位与受聘人员依据国家有关法律、法规、规章和政策，在平等自愿、协商一致的基础上，通过签订聘用合同，确定聘用关系，明确双方权利和义务的人事管理制度。本案中，张女士与医院签订的多份合同均为聘用合同而非劳动合同。第二，医院提交的北京市事业单位岗位设置审核表加盖有相关部门的公章，法院对此予以采信。北京市事业单位岗位设置审核表显示无论编制内还是编制外的岗位，医院均经过上级部门的审批。第三，张女士虽主张医院系差额拨款单位，但其并未提供充分的证据证明医院在绩效工资等方面以编制作为是否发放的标准。综上所述，张女士主张其与医院之间为劳动关系依据不足。张女士要求确认其与医院之间存在劳动关系并以双方存在劳动关系为由，要求医院支付其终止补偿金、绩效工资的诉讼请求缺乏依据，法院不予支持。判决驳回张女士的诉讼请求。

二审法院认为，根据查明的事实，张女士与医院签订的多份合同均为聘用合同，故张女士与医院非劳动关系。经释明，张女士坚持认为其与医院之间为劳动关系并以此主张权利，故一审驳回张女士的诉讼请求并无不当。

(二) 事业单位专业技术人员的聘用合同订立权

推行聘用制是我国事业单位人事制度改革的核心内容。事业单位推行聘用制度的目的在于转换事业单位的用人机制，实现事业单位人事管理由身份管理向岗位管理转变，由单纯行政管理向法治管理转变，由行政依附关系向平等人事主体转变，由国家用人向单位用人转变，实现用人上的公开、公平、公正，促进单位自主用人，保障职工自主择业，维护单位和职工双方的合法权益。

1986年2月，国务院《关于实行专业技术职务聘任制度的规定》提出，要求实行专业技术职务聘任制，开启了我国专业技术人员管理和任用机制改革的序幕。

2000年7月，中共中央组织部、人事部印发《关于加快推进事业单位人事制度改革的意见》，提出要破除干部身份终身制，引入竞争机制，在事业单位全面建立和推行聘用制度，把聘用制度作为事业单位一项基本的用人制度。《关于加快推进事业单位人事制度改革的意见》要求，事业单位除按照公务员制度进行人事管理以及转制为企业的以外，都要逐步试行人员聘用制度。使用事业单位编制的社会团体录用专职工作人员，除按照公务员制度进行人事管理的以外，也要逐步试行人员聘用制度。通过签订聘用合同，确定单位和个人的人事关系，明确单位和个人的权利和义务。这实际上规定了事业单位专业技术人员和其他工作人员与单位订立聘用合同的权利和义务。

2014年7月1日，我国事业单位人事管理的第一部专门的行政法规《事业单位人事管理条例》开始实施，对事业单位聘用合同订立和解除等进行了明确规定，为事业单位聘用合同的订立和管理提供了基本依据，也使聘用合同制度成为具有法律意义的基本用人制度。

(三) 企业等单位专业技术人员的劳动合同订立权

《劳动合同法》和《劳动合同法实施条例》明确规定，除非全日制用工可订立口头协议外，企业等单位建立劳动关系，应当订立书面劳动合同。书面劳动合同是劳动合同的唯一合法形式，由用人单位与劳动者协商一致，并经用人单位与劳动者在劳动合同文本上签字或者盖章生效,由用人单位和劳动者各执一份。生效的劳动合同与劳动关系建立并不完全一致,劳动关系建立以是否用工为标志。

将劳动合同文本交付给劳动者是用人单位的法定义务。为保护劳动者权益,《劳动合同法》第81条规定,用人单位未将劳动合同文本交付劳动者的,由劳动行政部门责令改正,给劳动者造成损害的,应当承担赔偿责任。

二、合同订立的程序

为保障专业技术人员和其他劳动者的权益,有关法律、法规还对聘用合同和劳动合同订立过程的公正性进行了规定。其中,事业单位作为公共服务机构在聘用程序上,还应遵守国家有关人员聘用的特殊规定。

(一) 聘用合同订立的程序

《关于在事业单位试行人员聘用制度的意见》要求,事业单位要严格人员聘用的程序,包括聘用组织、基本程序和回避制度等。事业单位新聘人员同时适用《事业单位公开招聘人员暂行规定》。

事业单位人员聘用的基本程序是:(1)公布空缺岗位及其职责、聘用条件、工资待遇等事项;(2)应聘人员申请应聘;(3)聘用工作组织对应聘人员的资格、条件进行初审;(4)聘用工作组织对通过初审的应聘人员进行考试或者考核,根据结果择优提出拟聘人员名单;(5)聘用单位负责人员集体讨论决定受聘人员;(6)公开招聘结果在招聘信息发布的范围内进行公示;(7)聘用单位法定代表人或者其委托人与受聘人员签订聘用合同。聘用合同期满、岗位需要、本人愿意、考核合格的,可以续签聘用合同。聘用合同须以书面形式订立。

(二) 劳动合同订立的程序

对于企业专业技术人员而言,《劳动合同法》规定,订立劳动合同应当遵循合法、公平、平等自愿、协商一致、诚实信用的原则,并不得侵犯劳动者合法权益。

在订立劳动合同时，用人单位首先要尊重劳动者的知情权。用人单位招用劳动者时，应当如实告知劳动者工作内容、工作条件、工作地点、职业危害、安全生产状况、劳动报酬以及劳动者要求了解的其他情况。同时，用人单位有权了解劳动者与劳动合同直接相关的基本情况，劳动者应当如实说明。用人单位履行告知义务应在招录过程中或劳动合同签订之后，不能在合同履行中再告知，更不能选择性告知。

用人单位招用劳动者，包括招收和使用劳动者，不得扣押劳动者的居民身份证和其他证件，如驾驶证、暂住证、学历和学位证、职业资格证等。用人单位违反规定，扣押劳动者居民身份证等证件的，由劳动行政部门责令限期退还劳动者本人，并依照有关法律规定给予处罚。

用人单位招用劳动者，不得要求劳动者提供担保或者以其他名义向劳动者收取财物。担保包括物的担保，也包括人的担保（如第三人作保）；包括正规形式的担保，也包括变相形式的担保（如扣发工资）。"其他名义"则包括以报名费、考试费、测试费、登记费、上岗费、培训费、保证金、抵押金、风险金、置装（服装）费、资料费以及各种物品等方式收取财物，这些都属于侵犯劳动者权益的行为。用人单位违反规定，以担保或者其他名义向劳动者收取财物的，由劳动行政部门责令限期退还劳动者本人，并以每人500元以上2 000元以下的标准处以罚款；给劳动者造成损害的，应当承担赔偿责任。

三、合同的内容

劳动合同和聘用合同内容直接关系专业技术人员和其他劳动者的切身利益，必须符合法律、法规的规定。

（一）聘用合同的内容

《关于在事业单位试行人员聘用制度的意见》规定，聘用合同必须具备下列条款：（1）聘用合同期限；（2）岗位及其职责要求；（3）岗位纪律；（4）岗位工作条件；（5）工资待遇；（6）聘用合同变更和终止的条件；（7）违反聘用合同的责任。经双方当事人协商一致，可以在聘用合同中约定试用期、培训和继续教育、知识产权保护、解聘提前通知时限等条款。

（二）劳动合同的内容

《劳动合同法》规定，用人单位提供的劳动合同文本未载明该法规定的劳动合同必备条款，或者用人单位未将劳动合同文本交付劳动者的，由劳动行政部门责令改正；给劳动者造成损害的，应当承担赔偿责任。

《劳动合同法》规定，劳动合同应当具备以下法定条款：（1）用人单位的名称、住所和法定代表人或者主要负责人；（2）劳动者的姓名、住址和居民身份证或者其他有效身份证件号码；（3）劳动合同期限；（4）工作内容和工作地点；（5）工作时间和休息休假；（6）劳动报酬；（7）社会保险；（8）劳动保护、劳动条件和职业危害防护；（9）法律、法规规定应当纳入劳动合同的其他事项。

除以上必备条款外，用人单位与劳动者可以约定试用期、培训、保守秘密、补充保险和福利待遇等其他事项。劳动合同缺少某一法定必备条款，不影响其他条款的有效性。

《劳动合同法》针对现实中一些用人单位滥定违约金的情况，专门规定除违反培训服务期和竞业限制期的情形外，用人单位不得与劳动者约定由劳动者承担其他任何违约金。

（三）无效合同

《事业单位试行人员聘用制度有关问题的解释》规定，以下聘用合同为无效合同：（1）违反国家法律、法规的聘用合同；（2）采取欺诈、威胁等不正当手段订立的聘用合同；（3）权利义务显失公正，严重损害一方当事人合法权益的聘用合同；（4）未经本人书面委托，由他人代签的聘用合同，本人提出异议的。无效合同由有管辖权的人事争议仲裁委员会确认。

《劳动合同法》规定，以欺诈、胁迫的手段或者乘人之危，使对方在违背真实意思的情况下订立或者变更劳动合同；用人单位在劳动合同中免除自己的法定责任，排除劳动者权利；违反法律、行政法规强制性规定的劳动合同无效或者部分无效。

欺诈行为包括不如实告知劳动条件等情况；胁迫包括采取危及劳动者生命、身体、财产、名誉、自由、健康等方面的手段或其他方式；免除法定责任包括规定病、伤、残责任自负，暂不婚孕，不履行社会保险责任等情形；排除劳动者权利包括要求劳动者完全服从单位工作岗位、工作地点、工作时间等各项安排等；违法行为包括招用童工、违反职业安全和最低工资规定等情况。

四、合同期限与职业权益

合同期限是劳动或人事关系存续的依据，是劳动合同和聘用合同的必备内容，涉及用人单位责任、用人机制，以及专业技术人员和其他劳动者职业保障、流动择业等多方面利益。

(一) 合同期限与职业保障

在计划经济体制下，我国国家机关、国有企业和事业单位普遍存在用人机制僵化，人员能进不能出、能上不能下，冗员过多，人才流动性差等问题，严重影响了经济社会发展的活力和效率。而实行合同制的根本目的就在于搞活机制，提高效率。但合同制实行以来，我国也存在一定程度的问题，主要是合同短期化，影响了劳动人事关系的稳定。

对于专业技术人员而言，职业化和专业化是其基本的职业特征和要求，过短的合同期限和频繁的续聘、竞聘，不利于其专注于专业技术工作。特别是在社会保障制度尚不健全的情况下，合同短期化增加了专业技术人员的职业风险。因此，适当延长合同期限，有助于保障专业技术人员和其他劳动者的劳动权利，提高其职业稳定性和生活安全感，也有助于劳动者积累专业工作经验、钻研岗位技能，更重要的是有助于维持长期稳定的劳动关系和社会关系，促进社会和谐。

(二) 聘用合同期限

《事业单位人事管理条例》针对一些单位聘用合同期限较短，不利于专业技术人员专业发展的情况，规定事业单位与工作人员订立的聘用合同，期限一般不低于3年。事业单位工作人员在本单位连续工作满10年且距法定退休年龄不足10年，提出订立聘用至退休的合同的，事业单位应当与其订立聘用至退休的合同。

(三) 劳动合同期限

《劳动合同法》规定，劳动合同分为固定期限劳动合同、无固定期限劳动合同和以完成一定工作任务为期限的劳动合同。

固定期限劳动合同，是指用人单位与劳动者约定合同终止时间的劳动合同。

以完成一定工作任务为期限的劳动合同，是有一定期限的劳动合同，指用人单位与劳动者约定以某项工作的完成为合同期限的劳动合同，包括以单项任务为期限的劳动合同、以项目承包方式完成任务和其他任务为期限的劳动合同。其与劳务关系的区别是应符合按月领取报酬、存在隶属关系等劳动关系特征。

无固定期限劳动合同，是指用人单位与劳动者约定无确定终止时间的劳动合同。用人单位与劳动者协商一致，可以订立无固定期限劳动合同。无固定期限合同在协商一致或出现法定情形时，也可以解除。

有下列情形之一，劳动者提出或者同意续订、订立劳动合同的，除劳动者提出订立固定期限劳动合同外，应当订立无固定期限劳动合同：（1）劳动者在该用人单位连续工作满10年的；（2）用人单位初次实行劳动合同制度或者国有企业改制重新订立劳动合同时，劳动者在该用人单位连续工作满10年且距法定退休年龄不足10年的；（3）连续订立两次固定期限劳动合同，续订劳动合同的；（4）用人单位自用工之日起满1年不与劳动者订立书面劳动合同的，视为用人单位与劳动者已订立无固定期限劳动合同。

关于连续工作满10年的起始时间，应当自用人单位用工之日起计算，包括《劳动合同法》施行前的工作年限。劳动者非因本人原因从原用人单位被安排到新用人单位工作的，劳动者在原用人单位的工作年限合并计算为新用人单位的工作年限。原用人单位已经向劳动者支付经济补偿的，新用人单位在依法解除、终止劳动合同计算支付经济补偿的工作年限时，不再计算劳动者在原用人单位的工作年限。但地方各级人民政府及县级以上地方人民政府有关部门为安置就业困难人员提供的给予岗位补贴和社会保险补贴的公益性岗位，其劳动合同不适用《劳动合同法》有关无固定期限劳动合同的规定以及支付经济补偿的规定。

五、特定期间权益

《劳动合同法》《事业单位人事管理条例》对劳动者试用期、培训后的服务期以及竞业限制等进行了专门规定。

（一）试用期权益

试用期包含在合同期限内，是劳动者个人和用人单位之间相互了解和适应的时期。试用期是劳动者权益易于受到侵害的时期，现实中存在用人单位利用试用期降低劳动成本等问题。因此，需通过法律法规对试用期限、待遇等权益进行明确规定。

《事业单位人事管理条例》规定，初次就业的工作人员与事业单位订立的聘用合同期限3年以上的，试用期为12个月。

《劳动合同法》规定，同一用人单位与同一劳动者只能约定一次试用期。以完成一定工作任务为期限的劳动合同或者劳动合同期限不满3个月的，不得约定试用期。试用期包含在劳动合同期限内。劳动合同仅约定试用期的，试用期不成立，该期限为劳动合同期限，即不能签订只有试用期的合同，不能先签试用期合同再签正式劳动合同。

《劳动合同法》规定了试用期的最长期限：劳动合同期限3个月以上不满1年的，试用期不得超过1个月；劳动合同期限1年以上不满3年的，试用期不得超过2个月；3年以上固定期限和无固定期限的劳动合同，试用期不得超过6个月。这意味着用人单位不能将延长试用期作为处罚手段，也不能随意缩短试用期。

劳动者在试用期应享受全部劳动权利，包括社会保险和福利权等。《劳动合同法实施条例》规定，劳动者在试用期的工资不得低于本单位相同岗位最低档工资的80%或者不得低于劳动合同约定工资的80%，并不得低于用人单位所在地的最低工资标准。

关于试用期间劳动合同的解除，《劳动合同法》规定，在试用期中，除劳动者在试用期间被证明不符合录用条件，或因患病、非因工负伤以及不能胜任工作等情形外，用人单位不得解除劳动合同。用人单位在试用期解除劳动合同的，应当向劳动者说明理由。而劳动者在试用期内提前3日通知用人单位，可以解除劳动合同。用人单位以试用不符合录用条件解除劳动合同，应有充分证据，必须在试用期内，超过试用期则劳动关系成立，应予经济补偿。录用条件应明确约定或事先告知。

（二）服务期权益

《劳动合同法》规定的服务期专指用人单位出资为劳动者提供专项培训费用，对其进行专业技术培训，而与该劳动者通过订立协议约定的最短服务期限，即出资培训服务期。单位为劳动者提供特殊物质或其他待遇（如配备专车等优待），是否可约定服务期，对此法律未作规定，但其他形式的服务期不得有违约金条款。

《劳动合同法》规定，劳动者违反服务期约定的，应当按照约定向用人单位支付违约金。但违约金的数额不得超过用人单位提供的培训费用。用人单位要求劳动者支付的违约金不得超过服务期尚未履行部分所应分摊的培训费用。《劳动合同法实施条例》规定，单位培训费用包括用人单位为了对劳动者进行专业技术培训而支付的有凭证的培训费用、培训期间的差旅费用以及因培训产生的用于该劳动者的其他直接费用，即培训应有出资证明，须为专业技术培训。

用人单位与劳动者约定了服务期，劳动者依照《劳动合同法》第38条因单位过失解除劳动合同的，不属于违反服务期的约定，用人单位不得要求劳动者支付违约金。

劳动者在试用期内，不适用服务期违约的规定。1995年10月，劳动部办公厅《关于试用期内解除劳动合同处理依据问题的复函》规定，职工提出与单位解除劳动关系的，如果在试用期内，则用人单位不得要求劳动者支付该项培训费用。如果试用期满，在合同期内，则用人单位可以要求劳动者支付该项培训费用。

但因劳动者过错，用人单位与劳动者解除约定服务期的劳动合同的，劳动者应当按照劳动合同的约定向用人单位支付违约金，包括：（1）劳动者严重违反用人单位的规章制度的；（2）劳动者严重失职，营私舞弊，给用人单位造成重大损害的；（3）劳动者同时与其他用人单位建立劳动关系，对完成本单位的工作任务造成严重影响，或者经用人单位提出，拒不改正的；（4）劳动者以欺诈、胁迫的手段或者乘人之危，使用人单位在违背真实意思的情况下订立或者变更劳动合同的；（5）劳动者被依法追究刑事责任的。

劳动合同期满，但是用人单位与劳动者约定的服务期尚未到期的，劳动合同应当续延至服务期满；双方另有约定的，从其约定。用人单位与劳动者约定服务期的，不影响按照正常的工资调整机制提高劳动者在服务期期间的劳动报酬。

《关于在事业单位试行人员聘用制度的意见》规定，事业单位受聘人员经聘用单位出资培训后解除聘用合同，在聘用合同中对培训费用没有约定的，受聘人员提出解除聘用合同后，单位不得收取培训费用；有约定的，按约定收取培训费，但不得超过培训的实际支出，并按培训结束后每服务1年递减20%执行。

(三) 竞业限制期权益

竞业限制是指劳动者与用人单位在劳动合同或聘用合同中约定的保守用人单位的商业秘密和与知识产权相关的保密事项，并在离开用人单位后一定期限内不得到相关单位就职或从事相关业务的规定。

商业秘密是指唯权利人专有的具有经济利益并经权利人采取保密措施的经营信息和技术信息。经营信息包括管理方法、客户名单等。技术信息是指由单位研制开发或者以其他合法方式掌握的、未公开的、能给单位带来经济利益或竞争优势，具有实用性且本单位采取了保密措施的信息，包括但不限于设计图纸（含纸图）、实验结果和实验记录、工艺、配方、样品、数据、计算机程序等。技术信息可以是由特定的完整的技术内容构成一项产品、工艺、材料及其改进的技术方案，也可以是某一产品、工艺、材料等技术或产品中的部分技术要素。

《关于在事业单位试行人员聘用制度的意见》规定，受聘人员解除聘用合同后违反规定使用或者允许他人使用原所在聘用单位的知识产权、技术秘密的，依法承担法律责任。涉密岗位受聘人员的解聘或者工作调动，应当遵守国家有关涉密人员管理的规定。

《劳动合同法》第23条规定，对负有保密义务的劳动者，用人单位可以在劳动合同或者保密协议中与劳动者约定竞业限制条款，并约定在解除或者终止劳动合同后，在竞业限制期限内按月给予劳动者经济补偿。

竞业限制的人员限于用人单位的高级管理人员、高级技术人员和其他负有保密义务的人员。竞业限制的范围、地域、期限由用人单位与劳动者约定，竞业限制的约定不得违反法律、法规的规定。竞业限制是对专业技术人员和其他劳动者就业权利和市场自由竞争原则的限制，必须明确界定限制的时间、地域和范围，必须是保护单位权益所必需，不能扩大其限制范围。

在解除或者终止劳动合同后，签订竞业限制合同的人员到与本单位生产或者经营同类产品、从事同类业务的有竞争关系的其他用人单位，或者自己开业生产或者经营同类产品、从事同类业务的竞业限制期限，不得超过二年。劳动者违反竞业限制约定的，应当按照约定向用人单位支付违约金。

第二节 合同的履行

劳动合同和聘用合同的履行，是用人单位和专业技术人员按照法律规定和合同约定的内容，履行各自义务、实现各自权利的行为，是在劳动合同和聘用合同签订后、终止或解除前的劳动关系存续期间发生的法律行为。劳动合同和聘用合同的履行是专业技术人员进入用人单位开展工作和服务的过程，也是用人单位对专业技术人员各项权益产生实质影响的过程。劳动合同和聘用合同的全面履行，是实现专业技术人员权益的重要基础和保障。

一、合同履行的原则

从权益保障的角度看，合同的履行就是专业技术人员劳动权利得以实现的过程。《劳动合同法》第29条规定，用人单位与劳动者应当按照劳动合同的约定，全面履行各自的义务。

(一) 全面履行原则

劳动合同和聘用合同中订立的各项条款都必须得到认真全面的履行，全面履行合同义务是《劳动合同法》规定的用人单位和专业技术人员双方的义务。合同当事人应当按照合同规定的时间、地点和要求履行全部义务，以保障依劳动合同产生的权利得以实现。劳动合同是一个包含用人单位和专业技术人员权利义务的整体，合同中订立的条款相互之间存在着内在的联系，不能任意割裂或选择性执行。如果当事人违反全面履行的原则，如用人单位拖欠或者克扣工资的行为等，就属于没有全面履行劳动合同义务的违法行为，依法应当承担法律责任。

(二) 亲自履行原则

劳动合同和聘用合同是特定对象之间的合同，其履行也必须在特定对象之间进行，即要在劳动合同双方当事人之间履行，而不允许任何第三方代为履行。订立劳动合同的当事人，应当直接享有劳动合同规定的权利和直接履行劳动合同规定的义务。但是，用人单位作为劳动合同另一方主体在法定情形下发生变更，按照《劳动合同法》的规定，却可以由承继其权利义务关系的新的用人单位来承继原劳动合同的权利义务，原劳动关系仍然有效并应当继续履行。这是由于劳动关系的特殊性造成的亲自履行原则的例外。

(三) 实际履行原则

《劳动合同法》第48条规定，用人单位违反该法规定解除或者终止劳动合同，劳动者要求继续履行劳动合同的，用人单位应当继续履行；劳动者不要求继续履行劳动合同或者劳动合同已经不能继续履行的，用人单位应当依照该法第87条规定支付赔偿金。这体现了劳动合同实际履行的原则。为了防止用人单位采取赔偿经济损失而不履行劳动合同的行为，《劳动合同法》明确规定，用人单位违法解除或终止劳动合同的，劳动者要求继续履行劳动合同的，用人单位应当继续履行劳动合同规定的义务，而不能采用经济赔偿的方式替代履行；只有劳动者不要求继续履行劳动合同或者劳动合同客观上已经不能继续履行的，如因市场变化、企业转产或倒闭，已无法实现履行劳动合同的目的时，才允许用人单位用赔偿损失的办法，代替劳动合同的实际履行。

需要注意的是，这个原则只适用于用人单位，而不能对等地适用于劳动者。因为按照《劳动法》和《劳动合同法》的规定，劳动者享有附程序（提前通知要求）无条件地解除劳动合同的权利，充分体现了劳动法对劳动者自由劳动权的尊重和保护。当然，如因劳动者违法解除劳动合同对用人单位造成损失的，可依法要求其承担赔偿责任。

(四) 协作履行原则

劳动过程需要劳动者与用人单位的密切协作，劳动合同双方当事人不仅应履行自己的义务，而且应协助对方履行义务，应及时通报情况，发现问题及时解决，互相配合，以适当的方法为对方履行义务创造必要的条件。协作履行原则贯穿于劳动合同的整个履行过程中，是实现合同目的的保障，也是当事人利益的保障。

二、用人单位的合同履行义务

在劳动合同和聘用合同履行过程中，用人单位对合同约定义务的履行对专业技术人员的权益保障具有关键作用。尽管劳动关系本质上是一种平等的民事关系，应遵循自愿、公平、等价有偿、诚实信用的民事活动原则，但由于用人单位事实上具有优势地位,特别是劳动关系具有人身性、隶属性关系的特征,需要依法明确用人单位在劳动关系中的责任和义务,以保障劳动者权益。《劳动合同法》第30条、第31条、第32条明确规定了用人单位的义务。

(一) 依法支付劳动报酬的义务

《劳动合同法》第30条第1款规定,用人单位应当按照劳动合同约定和国家规定,向劳动者及时足额支付劳动报酬。该条明确规定了在劳动者按照劳动合同约定提供了正常的劳动、履行了劳动合同规定的义务时,用人单位就应当按照劳动合同约定和国家规定,及时足额支付劳动报酬。《劳动合同法》第85条规定,用人单位克扣或者无故拖欠劳动者工资的,由劳动行政部门责令限期支付劳动报酬,逾期不支付的,责令用人单位按应付金额百分之五十以上百分之一百以下的标准向劳动者加付赔偿金。

(二) 保障专业技术人员休息休假权的义务

休息休假权实质上是劳动者的健康权和生命权。我国《劳动法》对工作时间和支付加班工资作了具体规定,这是国家对劳动者休息休假权的强制性规定,劳动合同的双方当事人必须遵守。《劳动合同法》第31条也进一步作了明确规定,用人单位应当严格执行劳动定额标准,不得强迫或者变相强迫劳动者加班。用人单位安排加班的,应当按照国家有关规定向劳动者支付加班费。这是用人单位按照国家规定应当履行的法定义务。

(三) 保护劳动者的生命安全和身体健康的义务

劳动者的安全与健康既是一项重要的人权,也是用人单位维持正常生产和提高劳动生产率的必要条件。由于劳动过程客观上存在危害劳动者生命安全和身体健康的因素,劳动者的安全与健康直接与工作场所和劳动保护条件有关,因此国家通过法律保障劳动者的生命安全和身体健康,防止伤亡事故和职业病的危害,要求用人单位应当依法向劳动者提供符合国家规定的劳动安全卫生条件和各种劳动保护措施,严格执行国家规定的劳动安全卫生规程,做好伤亡事故和职业病的预防和处理工作，改善劳动条件，减轻职业危害，保障劳动者在劳动过程中的生命安全和身体健康。

为了更好地维护劳动者在劳动过程中的生命安全和身体健康，防止用人单位在劳动过程中违章指挥，强令劳动者冒险作业，置劳动者的安危于不顾。我国法律赋予了劳动者在用人单位有上述违法行为时，有权采取自我保护的措施。《劳动法》《劳动合同法》《职业病防治法》《安全生产法》对此分别作了相关规定。

三、专业技术人员的合同履行义务

根据权利义务对等原则，专业技术人员和其他劳动者在劳动合同和聘用合同履行中也应承担相应的义务。明确自身应承担的义务，可以帮助专业技术人员发现和纠正用人单位单方加重专业技术人员义务的行为，有助于保障专业技术人员的权益。

（一）遵纪守法的义务

劳动者进入用人单位从事劳动后，应当遵守国家法律法规，遵守用人单位的规章制度，《劳动合同法》第39条规定，劳动者因违反法律被依法追究刑事责任的，或严重违反用人单位的规章制度的，视为劳动者违反了劳动合同的义务，用人单位可以单方解除劳动合同，而不需要提前通知劳动者，也不需要向劳动者支付经济补偿。

（二）勤勉敬业的义务

劳动者在劳动合同履行期间，在提供劳动的过程中，应当对工作任务尽合理的勤勉敬业义务，如果从事兼职，应以不减损自身劳动力、不影响本单位工作任务为限度。《劳动合同法》第39条规定，劳动者因严重失职、营私舞弊，给用人单位造成重大损害的；劳动者同时与其他用人单位建立劳动关系，对完成本单位的工作任务造成严重影响的，或经用人单位提出，拒不改正的，用人单位可以依法单方解除劳动合同，而不需要向劳动者支付经济补偿。

(三) 遵守劳动合同中约定的特定事项的义务

劳动者应遵守劳动合同中约定的特定事项，如双方当事人关于商业秘密和知识产权等的保密规定、竞业限制的规定、用人单位对劳动者专项培训后劳动者所应遵守的服务期等规定。《劳动合同法》第22条、第23条规定，劳动者违反合同中服务期约定和竞业限制约定的，应当按照合同约定向用人单位支付违约金。《劳动合同法》第90条规定，劳动者违法解除劳动合同，或者违反劳动合同中约定的保密义务或者竞业限制的约定，给用人单位造成损失的，还应当承担赔偿责任。

劳动合同中这些依法约定的内容，是劳动者应当履行的合同义务。对于机关、事业单位专业技术人员，国家还通过有关纪律处分规定明确了其应遵守的纪律和承担的责任，这也是机关、事业单位专业技术人员作为公职人员应承担的基本义务。

四、合同的中止和恢复履行权

在劳动关系存续期间，由于特殊情况的发生，劳动合同当事人可以不履行合同规定的义务。

(一) 合同的中止履行

劳动合同的中止履行，主要包括两种情形：劳动者应征入伍或者离职履行国家规定的其他义务的，劳动合同应当中止履行。根据法律规定，服兵役是每个公民应当履行的义务。劳动者参加工作后再应征入伍，造成原签订的未到期的劳动合同事实上无法继续履行。根据《劳动部办公厅关于职工应征入伍后与企业劳动关系的复函》的规定，职工应征入伍后，根据国家现行法律、法规的规定，企业应当与其继续保持劳动关系，但双方可以变更原劳动合同中具体的权利与义务条款。按照《兵役法》等的有关规定，义务兵入伍前原是国家机关、人民团体、企业、事业单位正式职工，退伍后原则上回原单位复工复职。在全面实行劳动合同制度后，对应征入伍的职工，仍应执行上述规定。因此，劳动者在劳动合同履行期限内应征入伍或离职履行国家规定的其他义务的，用人单位应当与其继续保持劳动关系，但双方可以协商变更原劳动合同中具体的权利与义务条款。

除依法服兵役的情况外，根据事业单位聘用制的有关规定，事业单位专业技术人员考入高等院校或科研院所进行全日制学习，被录用、调任或者聘任到国家机关的，也可中止或解除聘用合同。

(二) 合同的恢复履行

根据劳动部《关于贯彻执行〈中华人民共和国劳动法〉若干问题的意见》第28条规定，劳动者涉嫌违法犯罪被有关机关收容审查、拘留或逮捕的，用人单位在劳动者被限制人身自由期间，可与其暂时停止劳动合同的履行。暂时停止履行劳动合同期间，用人单位不承担劳动合同规定的相应义务。

劳动者经审查后被依法追究刑事责任的，用人单位可以依法解除劳动合同，终止劳动关系；劳动者经证明被错误限制人身自由的，其在中止履行劳动合同期间的损失，可依据《国家赔偿法》的规定要求有关部门予以赔偿。劳动合同应当恢复履行。

(三) 劳动合同中止履行的法律后果

中止履行劳动合同期间，用人单位和劳动者双方暂停履行劳动合同的有关义务；中止履行劳动合同期间，不计入劳动者在用人单位的连续工作时间。

五、合同的承继履行权

在劳动合同关系中，劳动合同双方当事人任一主体的变更，会导致劳动关系的消灭，或产生新的劳动关系。如由于劳动者的劳动力具有不可转让的专属性，所以劳动者一方的主体变更，会引起劳动关系的消灭。但是，用人单位的变更却会产生不一样的法律后果。按照《劳动法》规定，用人单位变更时，劳动关系按照承继原则来处理。

(一) 用人单位变更的形式

用人单位变更一般包括组织机构的变更和重大事项的变更。

1. 组织机构的变更

组织机构的变更包括法人的合并或分立。

(1) 法人的合并，是指两个或者两个以上的法人合并为一个法人。合并有新设合并和吸收合并两种形式。新设合并是两个或两个以上的法人合并为一个新的法人，原有的法人资格消灭，新的法人资格随即确立。吸收合并是一个或多个法人归并到一个现存的法人中去，被合并的法人资格消灭，而存续法人的资格仍然保留，如通常所说的企业兼并、收购。

(2) 法人的分立，是指一个法人分成两个或者两个以上的法人。分立有两种情况：一种是一个法人分成两个或两个以上的法人，原有的法人资格消灭；另一种是一个法人分出一个或几个法人之后，新法人资格确立，原法人资格继续存在。第二种情况又包括两种情形：一是原法人的分支机构具备了法人的条件而独立成为法人，如分公司从总公司独立出来成为新法人；二是两个或两个以上的法人分出若干部分而组成新法人，如两个企业法人分出各自的一部分共同组成具有法人资格的新企业。

2. 其他重大事项的变更

其他重大事项的变更主要包括法人名称的变更、法定代表人或主要投资人变更、住所变更、活动宗旨以及经营方式等方面的变更。

(二) 用人单位变更的法律后果

1. 分立、合并的法律后果

根据民法规定，企业法人分立、合并，它的权利和义务由变更后的法人享有和承担。《公司法》第184条、第185条规定，公司合并时，合并各方的债权、债务，应当由合并后存续的公司或者新设的公司承继；公司分立前的债务按所达成的协议由分立后的公司承担。

因此，企业法人合并、分立后，它的权利义务由变更后存续的法人承继履行，所承继的权利义务的内容不仅包括财产性的债权、债务，而且包括劳动合同关系中的权利义务。劳动关系的承继就是通过劳动合同主体的变更，由新用人单位接替原用人单位继续履行原劳动合同的权利义务，使原劳动权利义务内容得以保留。

《劳动合同法》第34条规定，用人单位发生合并或者分立等情况，原劳动合同继续有效，劳动合同由承继其权利和义务的用人单位继续履行。

2. 重大事项变更的后果

《劳动合同法》第33条规定，用人单位变更名称、法定代表人、主要负责人或者投资人等事项，不影响劳动合同的履行。在这种情况下，劳动关系不受影响，劳动合同继续有效，双方当事人应当按照劳动合同的约定继续履行，也不需要因此重新签订劳动合同。

(三) 劳动关系承继原则

劳动关系的承继是指通过劳动合同的主体变更，使原劳动权利义务内容得以保留。

在实践操作中，用人单位在分立或合并时，可以先由原用人单位与劳动者解除劳动合同，同时由承继其权利义务的新用人单位与劳动者重新签订劳动合同，但原劳动合同约定的权利义务不发生实质性的变更，由承继其权利义务的新用人单位与劳动者继续履行原劳动合同约定的权利义务。这种情形下重新签订劳动合同，不视为原劳动合同的终止或解除，而是原劳动合同的变更或继续履行，劳动者也不能因此要求经济补偿。

同样，由于没有发生劳动关系的中断，劳动者在原用人单位的工作年限，可以按照国家的有关规定在新用人单位连续计算。合同到期终止的，或者双方在重新签订劳动合同后，因履行原劳动合同规定发生争议而解除劳动合同的，对符合支付经济补偿金条件的，计发经济补偿金时应当将劳动者在原用人单位的工作年限与在承继的新用人单位的工作年限合并计算。

第三节　合同的变更

劳动合同的变更，有广义和狭义两种解释。广义上劳动合同变更是指凡是与劳动合同有关的情况发生的改变，包括劳动合同当事人的变更和劳动合同内容的变更；狭义上劳动合同的变更是指劳动合同内容的变更。

一、劳动合同变更的效力

一般意义上的劳动合同的变更，是从狭义上理解的劳动合同内容的变更，是指劳动合同双方当事人就已经生效的劳动合同条款达成修改或补充协议的法律行为。劳动合同签订后，当事人均应信守合同，依法履行，不得轻易变更。但由于一定的主客观情况的变化，使得原劳动合同的继续履行存在困难或成为不可能时，双方当事人可以根据有关法律、法规的规定，经过协商达成一致意见后，依法变更劳动合同，对原有劳动合同的部分条款和相关内容进行修改、补充。劳动合同依法变更后仍然有效，双方当事人应当继续履行。

劳动合同变更是在劳动合同已经依法生效，但尚未完全履行完毕期间发生的。只要在劳动合同期限内的劳动合同内容的变更，均为劳动合同的变更，而不属于劳动合同的新签。劳动合同经协商变更的内容自变更之日起生效，未变更的内容继续有效。

劳动合同变更的内容，既可以是对原劳动合同中的某一条款的修改调整，如工作任务、劳动报酬或工作内容，又包括对原有劳动合同的期限进行变更，如从以完成一定任务为期限变更为固定期限合同，或者从固定期限变更为无固定期限的劳动合同。还可以是双方依法协商后新增的原合同未作规定的内容，如因工作岗位调整后新增加保守商业秘密条款等，均应视为劳动合同的变更，而不视为新签劳动合同。

二、劳动合同变更的原则

《劳动法》第 17 条规定，订立和变更劳动合同，应当遵循平等自愿、协商一致的原则，不得违反法律、行政法规的规定。《劳动合同法》第 35 条规定，用人单位与劳动者协商一致，可以变更劳动合同约定的内容。因此，劳动合同变更与劳动合同订立一样，也应当遵循平等自愿、协商一致和合法性原则。

上述是在通常情形下劳动合同变更的原则，但在特殊情况下则有例外，即合同的变更并非因当事人自愿或同意，而具有强制性。这些特殊情况都是由法律明文规定的，当事人必须变更劳动合同。

一是由于不可抗力或社会紧急事件等，造成用人单位或劳动者无法履行原劳动合同。如地震、战争、台风、暴雪等不可抗力或自然灾害等。这些情况出现时，双方当事人应当变更劳动合同的相关内容。

二是由于法律法规制定或修改，导致劳动合同中的部分条款内容与之相悖而必须修改。如政府关于最低工资标准的调整、地方政府颁布的关于高温天气作业的劳动时间变化规定等。用人单位与劳动者应当依法变更劳动合同中相应的内容，并按照法律法规的强制性规定执行。

三、劳动合同变更的条件

引起劳动合同变更的原因是多方面的，可以是来自于用人单位或劳动者方面的原因，也可以是来自劳动者与用人单位之外的客观原因；可以是法定原因，也可以是约定原因。劳动合同的变更，必须符合法定的条件，并经双方协商一致，否则，所变更的内容无效，并被视为违反劳动合同的行为而承担相应的责任。

典型案例

单位内设机构撤销导致岗位调整争议[①]

乔先生于 2014 年 11 月 5 日至 2017 年 8 月 23 日在北京某大学国际医院工作，双方签订了劳动合同，劳动合同期限为 2014 年 11 月 5 日至 2017 年 11 月 30 日，工作岗位为国际医院工程指挥中心工程高级经理。

2017 年 8 月 15 日，国际医院向乔先生发出《劳动合同变更通知书》，主要内容为：由于国际医院建设项目工程已通过验收并投入使用，国际医院项

---

① 改编自北京市第一中级人民法院民事判决书（2019）京 01 民终 1882 号，http://www.bjcourt.gov.cn/cpws/paperView.htm? id=100850105023&n=1

目工程指挥中心已于2017年8月11日撤销。该客观情况的重大变化导致原合同不能履行，乔先生所在的原工作岗位取消。根据现情况，经单位多方努力协调决定，自2017年8月16日乔先生的工作岗位调整为国际医院机电工程部技工。乔先生回复不同意调岗，原因是自己属基建工程岗的高级经理，机电工程部属物业类，岗位不对口。

2017年8月21日，国际医院向乔先生发出《解除劳动合同通知书》，主要内容是由于国际医院项目工程指挥中心已撤销，客观情况的重大变化导致原合同不能履行。单位已为乔先生多次协调了新的工作岗位，但由于乔先生不同意到新岗位工作，经单位研究决定，自2017年8月23日起与乔先生解除劳动合同。

乔先生称国际医院基建部新任命的各级管理人员均为工程指挥中心人员。任命上述人员之前，国际医院并没有按照《事业单位人员管理条例》的规定，履行公开竞聘的程序，且国际医院在2017年8月11日下发撤销工程指挥中心的通知后，在2017年8月15日还在以工程指挥中心的名义签署下发工作联系单，且盖有工程指挥中心公章，说明国际医院所谓撤销工程指挥中心这一重大客观变化不成立，以此要求解除劳动合同，属于欺诈行为。

法院审理认为，关于国际医院与乔先生解除劳动合同是否系违法解除这一问题，劳动合同订立时所依据的客观情况发生重大变化，致使劳动合同无法履行的，用人单位应与劳动者充分协商，协商后未能就变更劳动合同内容达成协议的，用人单位才可解除劳动合同。2017年8月15日，国际医院发出的《劳动合同变更通知书》里仅说明了岗位调整情况，未涉及调岗后的薪酬问题，但庭审时国际医院明确表示岗位调整了薪酬肯定会有所降低。在乔先生不同意该次调岗后，国际医院并未与乔先生再次沟通协商，便下发了《解除劳动合同通知书》，与乔先生解除了劳动合同。国际医院在客观情况发生重大变化、劳动合同不能继续履行时，调整的新岗位较原岗位薪酬有所降低，违反相关规定，在乔先生不同意该调岗后便解除劳动合同的行为违反法律规定，系违法解除，应支付违法解除劳动合同赔偿金。

四、劳动合同变更的法定要求和责任

劳动合同的变更须符合法定的形式要求，并承担违法变更的法律责任。正确理解和把握劳动合同变更的原则、条件以及要求，对于劳动合同当事人，特别是用人单位正确理解和履行劳动合同的权利义务，具有非常重要的现实意义。

（一）劳动合同变更的形式要求

《劳动合同法》第35条明确规定，变更劳动合同，应当采用书面形式。

变更后的劳动合同文本，用人单位应当及时发放给劳动者，由用人单位和劳动者各执一份。依法变更后的劳动合同，对双方当事人均具有法律约束力。

（二）违法变更劳动合同的法律责任

根据《劳动合同法》的相关规定，如果用人单位以欺诈、胁迫的手段或者乘人之危，使对方在违背真实意思的情况下变更劳动合同，劳动合同无效；在这种情况下，劳动者可以随时通知用人单位解除劳动合同，用人单位要承担相应的法律责任。因此，用人单位在变更劳动合同时，一定要把握好平等自愿、协商一致的原则，与劳动者协商变更劳动合同约定的事项，不可单方擅自变更合同内容。

第四节　合同的解除

专业技术人员对聘用合同或劳动合同的解除权和维护权是其自主择业权和公平就业权的重要组成部分。一方面，专业技术人员和其他劳动者一样有根据自身意愿或由于单位过错解除合同，提出辞职、辞聘的权利；另一方面，专业技术人员也有要求单位履行合同，不得随意行使解聘、辞退、开除等措施的权利。

一、专业技术人员的合同解除权

解除聘用合同或劳动合同是指在合同订立后，尚未完全履行之前，提前结束劳动关系的行为。依照《劳动合同法》规定的条件、程序，劳动者可以与用人单位解除固定期限劳动合同、无固定期限劳动合同或者以完成一定工作任务为期限的劳动合同。

（一）协商解除与预告解除

劳动者与用人单位都有权提出解除劳动合同的请求，在双方自愿、平等协商的基础上达成一致意见，可以不按合同原有约定，终止劳动关系。劳动者也可提前30日以书面形式通知用人单位，或在试用期内提前3日通知用人单位，解除劳动合同。劳动者提出解除要求的，单位不需要支付经济补偿金。

《事业单位人事管理条例》规定，事业单位工作人员年度考核不合格且不同意调整工作岗位，或者连续两年年度考核不合格的，事业单位提前30日书面通知，可以解除聘用合同。事业单位工作人员提前30日书面通知事业单位，可以解除聘用合同，但是，双方对解除聘用合同另有约定的除外。

（二）无预告解除或立即解除

在用人单位不按约定履行劳动合同、存在过错或违法行为损害劳动者利益的情况下，劳动者可以单方解除劳动合同。包括以下情形：（1）用人单位未按照劳动合同约定提供劳动保护或者劳动条件的。（2）用人单位未及时足额支付劳动报酬的。（3）用人单位未依法为劳动者缴纳社会保险费的。（4）用人单位的规章制度违反法律、法规的规定，损害劳动者权益的。（5）因《劳动合同法》第26条第1款规定的情形致使劳动合同无效的。（6）法律、行政法规规定劳动者可以解除劳动合同的其他情形。用人单位以暴力、威胁或非法限制人身自由的手段强迫劳动者劳动的，或者用人单位违章指挥、强令冒险作业危及劳动者人身安全的，劳动者可以立即解除劳动合同，不需要事先告知用人单位。

二、合同的维护权

用人单位有全面履行劳动合同和聘用合同的义务，非因法定事由不得解除合同，终止人事、劳动关系，以保障专业技术人员和其他劳动者工作权不被随意剥夺。

用人单位可以与劳动者解除固定期限劳动合同、无固定期限劳动合同或者以完成一定工作任务为期限的劳动合同，但必须依照《劳动合同法》规定的条件、程序行使解除权。

（一）不得解除

为保障伤病职工、女职工等特定群体劳动者的权益，《劳动合同法》规定，用人单位不得与以下劳动者解除劳动合同：（1）从事接触职业病危害作业的劳动者未进行离岗前职业健康检查，或者疑似职业病病人在诊断或者医学观察期间的；（2）在本单位患职业病或者因工负伤并被确认丧失或者部分丧失劳动能力的；（3）患病或者非因工负伤，在规定的医疗期内的；（4）女职工在孕期、产期、哺乳期的；（5）在本单位连续工作满15年，且距法定退休年龄不足5年的；（6）法律、行政法规规定的其他情形，如《工会法》规定，劳动者不得因参加工会活动、工会工作人员不得因履行工会职责，而被解除劳动合同。

（二）预告解除和补偿解除

《劳动合同法》规定，在劳动者并无过失的情况下，由用人单位提议与劳动者协商一致并给予劳动者以经济补偿的，可以协商解除劳动合同。在以下法定情形下，用人单位提前30日以书面形式通知劳动者本人或者额外支付劳动者1个月工资后，也可以解除劳动合同。如劳动者患病或者非因工负伤，在规定的医疗期满后不能从事原工作，也不能从事由用人单位另行安排的工作的；劳动者不能胜任工作，经过培训或者调整工作岗位，仍不能胜任工作的；劳动合同订立时所依据的客观情况发生重大变化，致使劳动合同无法履行，经用人单位与劳动者协商，未能就变更劳动合同内容达成协议的。

(三) 劳动者过失解除

劳动者因自身过失等原因给用人单位管理、生产等带来影响或违反单位规章制度的，用人单位可以单方解除劳动合同，包括：(1) 在试用期间被证明不符合录用条件的；(2) 严重违反用人单位的规章制度的；(3) 严重失职，营私舞弊，给用人单位造成重大损害的；(4) 劳动者同时与其他用人单位建立劳动关系，即劳动者在其他单位兼职，对完成本单位的工作任务造成严重影响，或者经用人单位提出，拒不改正的；(5) 劳动者以欺诈、胁迫的手段或者乘人之危，使用人单位在违背真实意思的情况下订立或者变更劳动合同，致使劳动合同无效的；(6) 被依法追究刑事责任等情况。

《事业单位人事管理条例》规定，事业单位工作人员连续旷工超过15个工作日，或者1年内累计旷工超过30个工作日的，事业单位可以解除聘用合同。事业单位工作人员受到开除处分的，单位可解除聘用合同。

(四) 经济性裁员与优先权

经济性裁员是指因企业经营困难等原因，导致用人单位需一次性大量裁减人员的情况。《劳动合同法》规定，符合法定情由，需要裁减人员20人以上或者裁减不足20人但占企业职工总数10%以上的，用人单位提前30日向工会或者全体职工说明情况，听取工会或者职工的意见后，裁减人员方案经向劳动行政部门报告，可以裁减人员。

可以进行经济性裁员的情况包括：(1) 用人单位依照《企业破产法》规定进行重整的；(2) 单位生产经营发生严重困难的；(3) 企业转产、重大技术革新或者经营方式调整，经变更劳动合同后，仍需裁减人员的；(4) 其他因劳动合同订立时所依据的客观经济情况发生重大变化，致使劳动合同无法履行的。经济性裁减人员时，符合特定条件的人员享有优先保留和优先再招用权利，包括与本单位订立较长期限的固定期限劳动合同的人员；与本单位订立无固定期限劳动合同的人员；家庭无其他就业人员，有需要扶养的老人或者未成年人的人员。用人单位裁减人员后，在6个月内重新招用人员的，应当通知被裁减的人员，并在同等条件下优先招用被裁减的人员。

（五）劳动合同终止

劳动合同终止是指劳动合同因到期或劳动关系主体消失导致的合同效力消灭和劳动关系终结。劳动合同终止的条件必须法定，不能约定。《劳动合同法实施条例》规定，用人单位与劳动者不得在《劳动合同法》规定的劳动合同终止情形之外约定其他的劳动合同终止条件。

（六）合同解除程序和工会监督

劳动合同的解除或终止应符合法定程序。《劳动合同法》规定，用人单位单方解除劳动合同，应当事先将理由通知工会。用人单位违反法律、行政法规规定或者劳动合同约定的，工会有权要求用人单位纠正。用人单位应当研究工会的意见，并将处理结果书面通知工会。

（七）附随义务

劳动合同一经依法解除、终止，劳动者与用人单位之间的权利义务关系即消灭。但是，劳动关系独具的人身性与隶属性的特征，决定了劳动者与用人单位在双方的权利义务关系消灭后，基于诚实信用原则，还必须履行各自的附随义务。

《劳动合同法》第50条规定，用人单位应当在解除或者终止劳动合同时出具解除或者终止劳动合同的证明，并在15日内为劳动者办理档案和社会保险关系转移手续。用人单位出具的解除、终止劳动合同的证明，应当写明劳动合同期限、解除或者终止劳动合同的日期、工作岗位、在本单位的工作年限。用人单位对已经解除或者终止的劳动合同的文本，至少保存二年备查。

劳动者应当按照双方约定，办理工作交接。用人单位依照《劳动合同法》有关规定应当向劳动者支付经济补偿的，在办理工作交接时支付。

用人单位解除劳动关系应协助迁转人事档案[①]

刘女士通过他人介绍入职某律师事务所（以下简称律所），但律所并没有与其签订聘用合同，后来她负责行政人事工作时才找到作为证据的聘用合同，一份所章被划掉，一份所章被划掉并写了"作废"两字。该所称刘女士通过他人介绍入职北京某律师集团北京办公室负责市场工作，本应与其他律所签订劳动合同，由于工作疏忽合同主体误写成本所，刘女士也未签字，已作废。

法院审理认为，该律所虽主张由于工作疏忽写错合同主体，已作废，但并未就此提交充分证据，且所述由其所保管作废合同有失常理，故法院对该主张不予采纳。律所虽否认与刘女士存在劳动关系，但根据查明的事实，律所与刘女士签有《北京××律师事务所实习律师聘用合同》和《实习协议》，其人事档案也在律所委托的存档机构保存，律所还为其缴纳了社会保险费，故认定律所与刘女士存在劳动关系，并根据辞职报告确认于2018年12月3日解除劳动关系并无不当。

双方劳动关系存续期间，刘女士档案转入了律所集体户。现双方劳动关系解除，刘女士要求将其档案转出，符合法律规定，予以支持。

三、经济补偿和赔偿

劳动者在被用人单位解除劳动合同或劳动合同正常终止单位不予续签时，有获得经济补偿的权利。在用人单位违反规定解除或终止合同时，劳动者有获得赔偿金的权利。经济补偿权和赔偿权是不同性质的权利，经济补偿金适用于用人单位依法解除劳动合同，赔偿金适用于用人单位违法解除劳动合同。

（一）经济补偿条件

1. 劳动合同解除的经济补偿

[①] 改编自北京市第二中级人民法院民事判决书（2019）京02民终8966号，http://www.bjcourt.gov.cn/cpws/paperView.htm? id=100886195802&n=6

劳动合同解除的经济补偿包括以下情形：（1）用人单位依照《劳动合同法》第36条规定并与劳动者协商一致解除劳动合同的；（2）劳动者依照《劳动合同法》第38条规定，因单位过错解除劳动合同的；（3）用人单位依照《劳动合同法》第40条规定，因劳动者患病或者非因工负伤、劳动者不能胜任工作、劳动合同订立时所依据的客观情况发生重大变化等原因解除劳动合同的；（4）因用人单位依照企业破产法规定进行重整而裁员的，需支付经济补偿。

2. 劳动合同终止的经济补偿

劳动合同期满后，除用人单位维持或者提高劳动合同约定条件续订劳动合同，劳动者不同意续订的情形外，终止固定期限劳动合同的；因用人单位被依法宣告破产，被吊销营业执照，责令关闭、撤销或者用人单位决定提前解散而终止合同的；法律、行政法规规定的其他劳动合同终止的情形的，需支付经济补偿。

（二）赔偿条件

《劳动合同法》第48条规定，用人单位违反该法规定解除或者终止劳动合同，劳动者要求继续履行劳动合同的，用人单位应当继续履行；劳动者不要求继续履行劳动合同或者劳动合同已经不能继续履行的，用人单位应当依照该法第87条规定支付赔偿金。

（三）补偿和赔偿标准

经济补偿按劳动者在本单位工作的年限，每满1年支付1个月工资的标准向劳动者支付。6个月以上不满1年的，按1年计算；不满6个月的，向劳动者支付半个月工资的经济补偿。

劳动者月工资高于用人单位所在直辖市、设区的市级人民政府公布的本地区上年度职工月平均工资3倍的，向其支付经济补偿的标准按职工月平均工资3倍的数额支付，向其支付经济补偿的年限最高不超过12年。

月工资是指劳动者在劳动合同解除或者终止前12个月的平均工资。月工资按照劳动者应得工资计算，包括计时工资或者计件工资，以及奖金、津贴和补贴等货币性收入。劳动者在劳动合同解除或者终止前12个月的平均工资低于当地最低工资标准的，按照当地最低工资标准计算。劳动者工作不满 12 个月的，按照实际工作的月数计算平均工资。

《劳动合同法》第 87 条规定，用人单位违反《劳动合同法》的规定解除或者终止劳动合同，应当按照规定的经济补偿标准的 2 倍向劳动者支付赔偿金。

经济补偿金和赔偿金二者性质不同，《劳动合同法实施条例》规定，支付了赔偿金的，不再支付经济补偿。赔偿金的计算年限自用工之日起计算，直接增加了用人单位的违法成本。

根据《劳动合同法》，用人单位只有在劳动者提议协商解除合同、劳动者存在过错而被解除合同、合同到期后不降低待遇而劳动者拒绝续签合同，以及劳动者在劳动法上的主体资格消失（如劳动者退休、死亡或失踪）四种情况下解除和终止合同，才可不给予经济补偿，这有利于保障包括专业技术人员在内的劳动者的就业权，维护劳动关系稳定。

法律连线

主要政策法规

1. 《劳动合同法》
2. 《事业单位人事管理条例》

思考题

1. 劳动关系与其他民事合同关系有哪些不同特点？
2. 聘用合同的必备条款有哪些？专业技术人员和用人单位如何约定服务期和竞业限制期限？
3. 用人单位在劳动合同履行中应承担哪些法定义务？
4. 用人单位认为职工不能胜任工作，能否调整其工作岗位，或解除劳动合同？
5. 劳动合同解除和终止后的经济补偿和赔偿有什么不同？

第三讲
经济权利

学习目的

经济权利作为专业技术人员劳动权利的重要组成部分,关系到专业技术人员的生存和发展,是实现专业技术人员其他权利的物质基础。保护专业技术人员经济权利,有利于激发专业技术人员的创新和创造活力,提高专业技术人员的社会地位。

通过本讲的学习,专业技术人员应了解薪酬福利制度的基础知识,包括现行法律法规对薪酬权利保护、薪酬权利的构成、薪酬制度、福利制度以及人才激励的有关规定,并能够理解薪酬制度保护的出发点,以保障自身薪酬福利不受侵害。

第一节　薪酬保障权

经济权利是指与公民经济地位和经济活动有关的权利，经济报酬和福利权是公民经济权利的重要组成部分。经济地位权是经济权利的核心和基础，包括经济平等权、经济自由权等。经济活动权是指个人从事经济活动并获得相应收益的权利，包括获取工作报酬的权利、劳动权、休息权、福利权、物质帮助权、社会保障权、创业权、创新权、交易权、收益权、利润分享权、参与分配权等。经济权利是公民基本权利之一，是个人生存和发展的必要条件，也是实现公民其他权利的物质基础与保障，与个人的社会地位密切相关。

一、薪酬法定构成

薪酬权的保护包括两个层面：一是在国家层面，薪酬是国家收入分配制度的重要组成部分，国家通过法律法规对专业技术人员的薪酬权进行保护。二是在用人单位层面，通过完善薪酬制度，履行其对劳动者的薪酬保护义务。我国《宪法》《劳动法》等法律法规规定了国家和用人单位保护劳动者薪酬权利的义务。《宪法》规定，国家要通过各种途径，创造劳动就业条件，加强劳动保护，改善劳动条件，并在发展生产的基础上，提高劳动报酬和福利待遇。《劳动法》规定，劳动者有获得劳动报酬的权利。从法律法规的规定看，我国对专业技术人员和其他劳动者薪酬权利的保护，主要包括薪酬协商决定、同工同酬、工资支付保障和最低工资保障制度等。

薪酬是专业技术人员基于人事或劳动关系，通过为用人单位提供服务而获得的工作报酬。薪酬的内涵极其丰富，广义的薪酬包括工资薪金和福利收益，狭义的薪酬仅为工资薪金等货币收入，而全面薪酬理论则认为，薪酬不仅包括工资、津贴、奖金、福利等各种货币和实物收入，还包括赏识、晋升、工作条件和工作待遇等以精神激励为主的其他收益。为调节收入分配，国家对薪酬制度特别是工资薪金的构成进行了明确规定。

保障专业技术人员获取与自身劳动、贡献及人力资本价值相适应的工作报酬和经济收入，是对专业技术人员劳动和贡献的承认与尊重，是保障专业技术人员社会地位，激发其创新和创造活力的必然要求。

2014年7月，财政部发布《企业会计准则第9号——职工薪酬》，对企业职工薪酬的确认、计量和相关信息的披露进行了规范。

其所指的职工薪酬是指企业为获得职工提供的服务或解除劳动关系而给予的各种形式的报酬或补偿，包括短期薪酬、离职后福利、辞退福利和其他长期职工福利。企业提供给职工配偶、子女、受赡养人、已故员工遗属及其他受益人等的福利，也属于职工薪酬。

其中，短期薪酬包括职工工资、奖金、津贴和补贴，职工福利费，医疗保险费、工伤保险费和生育保险费等社会保险费，住房公积金，工会经费和职工教育经费，短期带薪缺勤，短期利润分享计划，非货币性福利以及其他短期薪酬。

带薪缺勤是指企业支付工资或提供补偿的职工缺勤，包括年休假、病假、短期伤残、婚假、产假、丧假、探亲假等。

利润分享计划是指因职工提供服务而与职工达成的基于利润或其他经营成果提供薪酬的协议。

离职后福利是指企业为获得职工提供的服务而在职工退休或与企业解除劳动关系后，提供的各种形式的报酬和福利，但不包括短期薪酬和辞退福利。

辞退福利是指企业在职工劳动合同到期之前解除与职工的劳动关系，或者为鼓励职工自愿接受裁减而给予职工的补偿。

其他长期职工福利是指除短期薪酬、离职后福利、辞退福利之外所有的职工薪酬，包括长期带薪缺勤、长期残疾福利、长期利润分享计划等。

典型案例

用人单位规定的津贴待遇应予兑现[①]

周先生于 2005 年 1 月 5 日入职某外建公司北京分公司,双方订立有书面劳动合同,外建公司北京分公司为其缴纳社会保险费用至 2018 年 5 月。2011 年,该公司印发的《关于奖励考取一级建造师及造价工程师并发放特岗津贴的通知》提出,为增强企业的市场竞争力,提高工程管理人员和技术人员的专业执业能力,鼓励广大员工积极学习业务知识,经公司领导研究决定,对考取并注册在公司的一级建造师、造价工程师给予奖励并发放特岗津贴,具体办法是自 2011 年 7 月起,对已在公司注册一级建造师、造价工程师的员工,按月发给特岗津贴,津贴标准为一级注册建造师 500 元/月,奖励及特岗津贴的发放由员工所在单位负责,后因公司效益不好,停发了该津贴。

周先生认为,其在职期间应当享受全国一级注册建造师特岗津贴。但公司方面主张公司效益不好,亏损比较严重,有权决定不予发放。

法院认为,依据该公司《关于奖励考取一级建造师及造价工程师并发放特岗津贴的通知》,周先生符合支付一级建造师特岗津贴的条件。现该外建公司北京分公司主张其公司因效益不好不予发放该笔款项,依据不足,法院不予采信。

二、薪酬协商决定权

薪酬决定权是用人单位或管理方的重要管理自主权。《劳动法》规定,用人单位可以根据本单位的生产经营特点和经济效益,依法自主确定本单位的工资分配方式和工资水平。

改革开放以来,我国进行了国有企业工资管理制度改革,国有企业可以

[①] 改编自北京市海淀区人民法院民事判决书(2019)京 0108 民初 6193 号,http://www.bjcourt.gov.cn/cpws/paperView.htm?id=100879193513&n=1

不再执行国家统一规定的工资标准、工资地区类别和全国统一的津贴制度。国务院发布的《全民所有制工业企业转换经营机制条例》明确规定，企业享有工资、奖金分配权。具体包括：（1）资金支配权。企业的工资总额依照政府规定的工资总额与经济效益挂钩办法确定，企业在相应提取的工资总额内，有权自主使用、自主分配工资和奖金。（2）工资自主分配权。企业有权根据职工的劳动技能、劳动强度、劳动责任、劳动条件和实际贡献，决定工资、奖金的分配档次。（3）工资制度设定权。企业可以实行岗位技能工资制或者其他适合本企业特点的工资制度，选择适合本企业的具体分配形式。（4）工资水平确定权。企业有权制定职工晋级增薪、降级减薪的办法，自主决定晋级增薪、降级减薪的条件和时间。除国务院另有规定外，企业有权拒绝任何部门和单位提出的，由企业对职工发放奖金和晋级增薪的要求。

为保障劳动者薪酬权利，相关法律法规也赋予了劳动者参与协商决定劳动报酬的权利。劳动者个人在与用人单位建立劳动关系和订立劳动合同过程中，有权约定工资报酬的水平和支付形式等。同时，劳动者可以通过职工代表或工会组织，就薪酬问题与用人单位或企业代表进行集体协商。

工资集体协商是指职工代表与企业代表依法就企业内部工资分配制度、工资分配形式、工资收入水平等事项进行平等协商，在协商一致的基础上签订工资协议的行为。工资协议是指专门就工资事项签订的专项集体合同。工资集体协商是我国企业集体协商和集体合同制度的核心内容，有利于妥善处理各方的利益分配关系，推动企业建立正常的工资决定机制，保障劳动者的薪酬权利。

（一）工资集体协商的内容

《工资集体协商试行办法》规定，工资集体协商一般包括以下内容：（1）工资协议的期限；（2）工资分配制度、工资标准和工资分配形式；（3）职工年度平均工资水平及其调整幅度；（4）奖金、津贴、补贴等分配办法；（5）工资支付办法；（6）变更、解除工资协议的程序；（7）工资协议的终止条件；（8）工资协议的违约责任；（9）双方认为应当协商约定的其他事项。

《工资集体协商试行办法》规定，协商确定职工年度工资水平应符合国家有关工资分配的宏观调控政策，并综合参考地区、行业、企业的人工成本水平和职工平均工资水平；当地政府发布的工资指导线、劳动力市场工资指导价位；本地区城镇居民消费价格指数；企业劳动生产率和经济效益；国有资产保值增值；上年度企业职工工资总额；其他与工资集体协商有关的情况。

（二）工资集体协商的程序

工资集体协商首先应依照法定程序产生协商代表。职工一方由工会代表，未建工会的企业由职工民主推举代表，并得到半数以上职工的同意。企业代表由法定代表人和法定代表人指定的其他人员担任。协商双方可书面委托本企业以外的专业人士作为本方协商代表，委托人数不得超过本方代表的1/3。

协商双方应各确定一名首席代表。协商双方的首席代表在工资集体协商期间轮流担任协商会议执行主席，主要职责是负责工资集体协商有关组织协调工作，并对协商过程中发生的问题提出处理建议。协商双方享有平等的建议权、否决权和陈述权。

职工协商代表的合法权益受法律保护。由企业内部产生的协商代表参加工资集体协商的活动应视为提供正常劳动，享受的工资、奖金、津贴、补贴、保险福利待遇不变。企业不得对职工协商代表采取歧视性行为，不得违法解除或变更其劳动合同。

协商代表应遵守双方确定的协商规则，履行代表职责，并负有保守企业商业秘密的责任。协商代表任何一方不得采取过激、威胁、收买、欺骗等行为。协商代表应了解和掌握工资分配的有关情况，广泛征求各方面的意见，接受本方人员对工资集体协商有关问题的质询。

职工和企业任何一方均可提出进行工资集体协商的要求。工资集体协商的提出方应向另一方提出书面的协商意向书，明确协商的时间、地点、内容等。另一方接到协商意向书后，应于一定期限内予以书面答复，并与提出方共同进行工资集体协商。

双方的工资协议草案应提交职工大会或职工代表大会讨论审议。在双方达成一致意见后,由企业行政方制作工资协议文本,经双方首席代表签字盖章后成立。

工资协议签订后,应由企业将工资协议一式三份及说明,报送政府人力资源管理部门审查。协商双方应将已经生效的工资协议以适当形式向本方全体人员公布。工资集体协商一般情况下一年进行一次。

工资协商也可在区域和行业内进行,一般适用于小型企业或同行业企业比较集中的乡镇、街道、社区和工业园区(经济技术开发区、高新技术产业园区)。2006年8月,《关于开展区域性行业性集体协商工作的意见》规定,在区域性行业性集体协商中,职工一方的协商代表由区域内的工会组织或行业工会组织选派,首席代表由工会主席担任。企业一方的协商代表由区域内的企业联合会、企业家协会或其他企业组织、行业协会选派,也可以由上级企业联合会、企业家协会组织区域内的企业主经民主推选或授权委托等方式产生,首席代表由企业方代表民主推选产生。集体协商双方的代表人数应当对等,一般每方3~10人。双方首席代表可以书面委托专家、学者、律师等专业人员作为本方的协商代表,但委托人数不得超过本方代表的1/3。

(三) 工资集体协商的效力

《工资集体协商试行办法》规定,依法订立的工资协议对企业和职工双方具有同等约束力,双方必须全面履行工资协议规定的义务,任何一方不得擅自变更或解除工资协议。职工个人与企业订立的劳动合同中关于工资报酬的标准,不得低于工资协议规定的最低标准。

工资协议作为专项集体合同,具有集体合同的效力。《集体合同规定》明确指出,符合本规定的集体合同或专项集体合同,对用人单位和本单位的全体职工具有法律约束力。用人单位与职工个人签订的劳动合同约定的劳动条件和劳动报酬等标准,不得低于集体合同或专项集体合同的规定。

区域性行业性协商签订的集体合同,对辖区内签约的所有企业和职工具有约束力。企业签订的集体合同,其标准不得低于区域性行业性集体合同的规定。

《劳动合同法》规定，集体合同中劳动报酬和劳动条件等标准不得低于当地人民政府规定的最低标准；用人单位与劳动者订立的劳动合同中劳动报酬和劳动条件等标准不得低于集体合同规定的标准。劳动合同对劳动报酬和劳动条件等标准约定不明确、引发争议的，用人单位与劳动者可以重新协商；协商不成的，适用集体合同规定；没有集体合同或者集体合同未规定劳动报酬的，实行同工同酬；没有集体合同或者集体合同未规定劳动条件等标准的，适用国家有关规定。

三、同工同酬权

同工同酬权即薪酬平等权，是指在工作岗位、工作职责、工作内容、工作条件、工作量和工作业绩等相同的情况下，劳动报酬应大体相同，实行"同一工作，同样报酬"，其核心要求是在确定薪酬标准和制度的过程中，不得对任何人构成歧视。《劳动法》第46条规定，工资分配应当遵循按劳分配原则，实行同工同酬。

同工同酬管理公正性的体现不仅包括工资，而且包括其他福利待遇。同工同酬制度的基础是对工作岗位和工作结果的客观评价。由于工作性质、工作能力、工作成绩等所造成的薪酬待遇差别，不违反同工同酬的原则。

同工同酬适用于专业技术人员和所有劳动者，但为保护特定社会群体利益，法律对妇女、残疾人等的同工同酬权专门进行了规定，如我国《宪法》规定，实行男女同工同酬；《残疾人保障法》规定，在职工的招用、转正、晋级、职称评定、劳动报酬、生活福利、休息休假、社会保险等方面，不得歧视残疾人；《劳动合同法》规定，被派遣劳动者与用工单位的劳动者享有同工同酬的权利，用工单位无同类岗位劳动者的，参照用工单位所在地相同或者相近岗位劳动者的劳动报酬确定。

同工同酬主要适用于同一用人单位内部。不同地区、行业从事同一工作的人员的薪酬差别，不适用于《劳动合同法》等有关法律的规定，可由国家通过其他政策措施进行调节。

我国一些事业单位由于编制限制，聘用了编外人员，同时，在事业单位人事制度改革中还实行了"老人老办法，新人新办法"，形成了编内人员和编外人员、原有身份人员和新聘人员之间的薪酬与其他待遇差距，应通过完善政策、深化改革、加强监管，尽快予以解决。

四、工资支付保障权

工资支付保障权是指劳动者领取工资报酬时所应享受的权利，如按时领取权、全额领取权、以法定货币领取权等。《劳动法》规定，工资应当以货币形式按月支付给劳动者本人，不得克扣或者无故拖欠劳动者的工资。《劳动合同法》规定，用人单位应当按照劳动合同约定和国家规定，向劳动者及时足额支付劳动报酬。用人单位拖欠或者未足额支付劳动报酬的，劳动者可以依法向当地人民法院申请支付令，人民法院应当依法发出支付令。

《工资支付暂行规定》明确指出，工资支付主要包括工资支付项目、工资支付水平、工资支付形式、工资支付对象、工资支付时间以及特殊情况下的工资支付。用人单位应根据规定，通过与职工大会、职工代表大会或者其他形式协商制定内部的工资支付制度，并告知本单位全体劳动者。

（一）工资支付项目

工资支付的项目，一般应包括计时工资、计件工资、奖金、津贴和补贴、延长工作时间的工资报酬以及特殊情况下支付的工资，但不包括福利费、劳动保护费等。工资支付水平和标准应符合劳动合同的约定。

用人单位不得克扣劳动者工资，但可以从劳动者工资中代扣代缴个人所得税，应由劳动者个人负担的各项社会保险费用，法院判决、裁定中要求代扣的抚养费、赡养费，以及法律法规规定可以从劳动者工资中扣除的其他费用等。

（二）工资支付形式和对象

工资应当以法定货币支付，不得以实物及有价证券替代货币支付。

用人单位应将工资支付给劳动者本人或委托银行代发工资，劳动者本人因故不能领取工资时，可由其亲属或委托他人代领。用人单位应书面记录支付劳动者工资的数额、时间、领取者的姓名以及签字，并向劳动者提供一份其个人的工资清单。

(三) 工资支付的时间

工资必须在用人单位与劳动者约定的日期支付。如遇节假日或休息日，则应提前在最近的工作日支付。工资至少每月支付一次，实行周、日、小时工资制的可按周、日、小时支付工资。对完成一次性临时劳动或某项具体工作的劳动者，用人单位应按有关协议或合同规定在其完成劳动任务后即支付工资。劳动关系双方依法解除或终止劳动合同时，用人单位应在解除或终止劳动合同时一次付清劳动者工资。用人单位依法破产时，在破产清偿中应按《企业破产法》规定的清偿顺序，首先支付欠付本单位劳动者的工资。

(四) 特殊情况下的工资支付

劳动者在法定休假日和婚丧假期间以及依法参加社会活动期间，用人单位应当依法支付工资。

1. 劳动者在法定工作时间内依法参加社会活动期间，用人单位应视同其提供了正常劳动而支付工资。社会活动包括：依法行使选举权或被选举权；当选代表出席乡（镇）、区以上政府、党派、工会、青年团、妇女联合会等组织召开的会议；出任人民法院证明人；出席劳动模范、先进工作者大会；《工会法》规定的不脱产工会基层委员会委员因工会活动占用的生产或工作时间；其他依法参加的社会活动。

2. 劳动者依法享受年休假、探亲假、婚假、生育（产）假、丧假期间，用人单位应按劳动合同规定的标准支付劳动者工资。

3. 非因劳动者原因造成单位停工、停产在一个工资支付周期内的，用人单位应按劳动合同规定的标准支付劳动者工资。超过一个工资支付周期的，若劳动者提供了正常劳动，则支付给劳动者的劳动报酬不得低于当地的最低工资标准；若劳动者没有提供正常劳动，应按国家有关规定办理。

4. 用人单位在劳动者完成劳动定额或规定的工作任务后,根据实际需要安排劳动者在法定标准工作时间以外工作的,应按法定标准支付加班工资。

因劳动者本人原因给用人单位造成经济损失的,用人单位可按照劳动合同的约定要求其赔偿经济损失。经济损失的赔偿,可从劳动者本人的工资中扣除。但每月扣除的部分不得超过劳动者当月工资的20%,若扣除后的剩余工资部分低于当地月最低工资标准,则按最低工资标准支付。

典型案例

教师旷工三天半工资几乎被扣光不合法

2015年8月30日,小范收到自己工作的实验幼儿园财务室发来的一条短信:"你8月份旷工3.5天,扣2 800元。加上个人缴纳'五险一金',直接在你8月份的工资里扣掉了。也就是说,你8月份工资没有了。"

该幼儿园是一家普惠性民办幼儿园。小范于上年度到这家幼儿园从教,按照当时签的合同,聘期到2015年8月31日。按其所持的职业资格证,她属于"双证"教师,月工资3 600多元。但是,2015年6月,园长提前通知她要被辞退了,8月份不用上班了。考虑到经济收入,她主动要求8月份继续上班,一直到8月31日为止。对这一要求,园长同意了。

就这样,暑假期间,小范一直在幼儿园的暑假班工作。其间,她找到了新工作,当小学代课老师。

2015年8月28日,开学临近,小范接到通知,她得去新单位准备升学事宜了。于是,小范向园长请假,她无法继续正常上班了。对小范的请假要求,园长直接拒绝。小范权衡之后,以新工作为重,从28日下午开始,没再去幼儿园上班,后收到了那条"旷工扣钱"的通知。

律师认为,旷工属严重违规违纪行为,劳动者可能因此被用人单位开除。旷工扣钱的标准,法律没有明文规定。法律规定,用人单位不得克扣员工工资,工资必须按月足额发放。

劳动者因自身原因,给单位造成经济损失的,相应的赔偿可以从劳动者的工资中扣除，但每月扣除金额不得超过当月工资的20%。扣除后，如果剩下的工资低于本地月最低工资标准，应按最低工资标准支付。因此，幼儿园的做法缺乏法律依据且有失公平。

五、最低工资保障

最低工资保障是国家为调节收入分配关系，保障劳动者基本生活，依法定程序确定的最低工资限额，用人单位支付劳动者的工资不得低于当地最低工资标准。

最低工资标准是指劳动者在法定工作时间或依法签订的劳动合同约定的工作时间内提供了正常劳动的前提下，用人单位依法在最低限度内应当支付的、足以维持职工及其平均供养人口基本生活需要的工资。《最低工资规定》明确指出，正常劳动是指劳动者按依法签订的劳动合同约定，在法定工作时间或劳动合同约定的工作时间内从事的劳动。劳动者依法享受带薪年休假、探亲假、婚丧假、生育（产）假、节育手术假等国家规定的假期间，以及法定工作时间内依法参加社会活动期间，视为提供了正常劳动。

最低工资标准一般采取月最低工资标准和小时最低工资标准的形式。月最低工资标准适用于全日制就业劳动者，小时最低工资标准适用于非全日制就业劳动者。最低工资标准不包括加班加点工资，夜班、高温、低温、井下、有毒等特殊条件下的津贴以及法律法规和国家规定的劳动者享受的福利待遇。

确定和调整月最低工资标准，主要是参考当地就业者及其赡养人口的最低生活费用、城镇居民消费价格指数、职工个人缴纳的社会保险费和住房公积金、职工平均工资、经济发展水平、就业状况等因素。国际上一般月最低工资标准相当于当地月平均工资的40%~60%。

《最低工资规定》对国家机关、事业单位聘用制人员同样适用。

为保障劳动者薪酬权利，我国还建立了劳动力市场工资指导价位制度，由政府人力资源主管部门按照国家统一规范和制度要求，定期对各类企业中的不同职业（工种）的工资水平进行调查、分析、汇总和加工，形成各类职业（工种）的工资价位，向社会发布，用以指导企业合理确定职工工资水平和工资关系，调节劳动力市场价格。

第二节 薪酬制度

用人单位在专业技术人员薪酬权益保护中负有重要责任和义务。《劳动合同法》第30条规定，用人单位应当按照劳动合同约定和国家规定及时足额发放劳动报酬。由于国家机关、事业单位、企业、社会团体等不同社会组织的性质、资金来源不同，其薪酬制度也不相同，在薪酬权益保护方面存在不同的特点。

一、企业的薪酬保障

企业作为市场经济的主体，有权自主进行薪酬分配，建立符合自身特点的薪酬制度，并通过协商，公平合法地确定专业技术人员的薪酬。

(一) 规范的薪酬制度

企业应建立与专业技术人员的工作职责、人力资本价值、贡献和业绩相适应的薪酬制度，采用岗位薪酬、能力薪酬、业绩薪酬或综合的薪酬制度形式。

1. 岗位薪酬

岗位薪酬应依据专业技术人员在一定工作岗位上所承担的工作职责和任务，做到劳酬相符、责权一致。工作岗位或职位及由此决定的工作职责的大小、工作难度的强弱、工作强度的高低、工作条件的优劣，是专业技术人员薪酬分配的主要依据。岗位、职位或职务是专业技术人员薪酬最基本的测评单位。以职位为中心的薪酬模式已经形成了一系列公认的薪酬设计技术和程序，包括进行薪酬的市场调查，评估不同类职位系列的重要程度，根据职位重要性的排序和分级，建立相应的薪资等级等。专业技术工作具有创新性、复杂性等特点，工作难度大、强度高，其工作报酬通常应高于社会平均薪酬水平。

2. 能力薪酬

能力薪酬应充分体现专业技术人员的人力资本价值，与专业技术人员的工作经验、工作能力、专业水平相适应。专业技术人员作为社会专门人才，需经过长期、系统的专业训练才能成才，需要进行巨大而持续的人力资本投入。人力资源是经济社会发展的第一资源。提高人力资本投资回报率，让专业技术人员和其他劳动者获得公平合理的人力资本价值回报，是激励人才成长、促进社会进步的必然要求。

人力资本投入水平与个人能力密切相关。"以人定薪"即根据人的能力评价确定薪酬水平，给特殊人才以优厚待遇，可以增强组织的创造性和竞争力。[①] 根据工作胜任能力付酬，而不是仅仅根据职位说明书规定的活动和责任为专业技术人员付酬，将成为人力资源管理的一个重要发展趋势。

3. 业绩薪酬

业绩薪酬应充分体现专业技术人员的业绩和贡献。业绩是专业技术人员工作成果、能力和行为态度的直接和综合的反映，按绩付酬可以提高薪酬的公平性、灵活性，激励专业技术人员努力创新。

(二) 合理的薪酬水平

薪酬的高低与专业技术人员的生活状况直接相关，并关系到企业在人力资源市场上的竞争力。企业应根据市场薪酬水平，确定组织内各岗位的薪酬水平以及在人力资源市场上的定位。

(三) 正常的增长机制

专业技术人员在与企业协商劳动报酬时，可提出根据服务年限、贡献以及社会经济发展等因素，就工资等级的晋升、工资水平的增长等进行协商。

---

① 罗纳德·克林格勒，约翰·纳尔班迪. 公共部门的人力资源管理：系统与战略 [M]. 北京：中国人民大学出版社，2001：178.

二、事业单位的薪酬保障

事业单位是我国专业技术人员的集中地。事业单位专业技术人员的工资制度是我国公共部门工资制度的重要组成部分，并随着国家收入分配政策和机关、事业单位工资制度的改革而不断发展。事业单位专业技术人员的薪酬保障受国家经济发展水平、财政状况和收入分配政策等多种因素的制约，并直接由国家统一的工资制度所规范和调节。《事业单位人事管理条例》规定，国家建立激励与约束相结合的事业单位工资制度，并建立事业单位工作人员工资的正常增长机制，保障事业单位工作人员的工资水平与国民经济发展相协调，与社会进步相适应。

（一）岗位绩效工资制改革的原则

事业单位岗位绩效工资制改革的原则包括：(1) 贯彻按劳分配与按生产要素分配相结合的原则，建立与岗位职责、工作业绩、实际贡献紧密联系和鼓励创新创造的分配激励机制。(2) 适应事业单位聘用制改革和岗位管理的要求，以岗定薪，岗变薪变，加大向优秀人才和关键岗位的倾斜力度。(3) 建立体现事业单位特点的工资正常调整机制，使事业单位工作人员收入与经济社会发展水平相适应。(4) 搞活事业单位内部分配，进一步增强事业单位活力。(5) 实行分级分类管理，加强宏观调控，规范分配秩序，理顺分配关系。

2011年，根据《中共中央　国务院关于分类推进事业单位改革的指导意见》的总体要求和部署，在《关于深化事业单位工作人员收入分配制度改革的意见》提出，事业单位收入分配制度改革的指导思想是要适应分类推进事业单位改革的总体要求，健全符合事业单位特点、体现岗位绩效和分级分类管理的工作人员收入分配制度，逐步建立起机制健全、关系合理、调控有力、秩序规范的管理运行体系，促进事业单位发展和体制机制创新，逐步实现事业单位工作人员收入分配的科学化和规范化。其基本原则是：坚持按劳分配与按生产要素分配相结合，探索事业单位知识、技术、管理等生产要素参与分配的有效途径，使工作人员收入与岗位职责、工作业绩、实际贡献紧密联系,鼓励人才创新创造;坚持改革工作人员收入分配制度与规范收入分配秩序相结合,严肃分配纪律,逐步建立公平公正、合理有序的收入分配格局;进一步明确地方和部门的工资管理职责,对不同类型的事业单位实行不同的工资管理办法,实行分级分类管理,促进形成不同地区、不同类型事业单位之间合理的工资分配关系。

(二)岗位绩效工资制改革的内容

《事业单位人事管理条例》规定,事业单位工作人员工资包括基本工资、绩效工资和津贴补贴,可称为岗位绩效工资制度。其中,基本工资包括岗位工资、薪级工资。

岗位工资主要体现工作人员所聘岗位的职责和要求。事业单位岗位分为专业技术岗位、管理岗位和工勤技能岗位。专业技术岗位分13个等级,管理岗位分10个等级,工勤技能岗位分为技术工岗位和普通工岗位,技术工岗位分5级,普通工岗位不分级。不同等级的岗位对应不同的工资标准。工作人员按所聘岗位执行相应岗位的工资标准。

薪级工资主要体现工作人员的工作表现和资历。对专业技术人员和管理人员设置65个薪级,对工人设置40个薪级,每个薪级对应一个工资标准。对不同岗位规定不同的起点薪级,工作人员根据工作表现、资历和所聘岗位等因素确定薪级,执行相应的薪级工资标准。

绩效工资主要体现工作人员的实绩和贡献。国家对事业单位绩效工资分配进行总量调控和政策指导。事业单位在核定的绩效工资总量内,按照规范的程序和要求,自主分配。事业单位实行绩效工资后,取消现行年终一次性奖金,将一个月基本工资的额度以及地区附加津贴纳入绩效工资。

事业单位津贴补贴分为艰苦边远地区津贴和特殊岗位津贴补贴。艰苦边远地区津贴主要是根据自然地理环境、社会发展等方面的差异,对在艰苦边远地区工作生活的工作人员给予适当补偿。艰苦边远地区的事业单位工作人员,执行国家统一规定的艰苦边远地区津贴制度。执行艰苦边远地区津贴所需经费,属于财政支付的,由中央财政负担。特殊岗位津贴补贴主要体现对事业单位苦、脏、累、险及其他特殊岗位工作人员的政策倾斜。

(三) 事业单位绩效工资的实施

事业单位岗位绩效工资制度是事业单位收入分配制度的重大改革,其中,绩效工资制度的实施直接关系到事业单位工作人员的切身利益。绩效工资的实施包括总量核定、工资分配、绩效考核等多个环节。

1. 清理规范津贴补贴

实施绩效工资,首先要全面清理核查国家统一规定的津贴补贴项目外自行发放的津贴补贴和奖金,摸清收入来源、支出去向、账户情况和实际发放水平,坚决取消不合法、不合规的项目。对清理核查后的津贴补贴进行适当归并,作为规范后的津贴补贴纳入绩效工资。

2. 合理确定绩效工资总量和水平

各地综合考虑经济发展、财力状况、物价消费水平、城镇单位在岗职工年平均工资水平、公务员规范后的津贴补贴水平等因素,合理确定本地绩效工资总体水平。根据合理调控事业单位收入水平差距的需要,确定当地事业单位本年度绩效工资水平控制线,各事业单位绩效工资水平原则上不得高于控制线。各级人力资源社会保障、财政部门综合考虑相关因素,核定本级政府直属及各部门所属事业单位的绩效工资总量,对不同类型事业单位探索实行不同的绩效工资总量管理办法。事业单位主管部门核定所属各事业单位的绩效工资总量,事业单位发放绩效工资不得突破核定的总量。

3. 绩效工资分配

事业单位绩效工资分为基础性绩效工资和奖励性绩效工资两部分。基础性绩效工资主要体现地区经济发展水平、物价水平、岗位职责等因素,在绩效工资中所占比重原则上可相对大一些,一般按月发放。不同类型事业单位基础性绩效工资所占比重,可根据实际情况有所区别。奖励性绩效工资主要体现工作量和实际贡献等因素,根据绩效考核结果发放,采取灵活多样的分配方式和办法。绩效工资分配要向关键岗位、高层次人才、业务骨干和作出突出成绩的工作人员倾斜。事业单位制定绩效工资分配办法要充分发扬民主,广泛征求职工意见,由单位领导班子集体研究后,报主管部门批准,并在本单位公开。事业单位主要领导的绩效工资由主管部门确定,与所在单位工作人员的绩效工资水平保持合理关系。

4. 绩效考核

行业主管部门要结合本行业特点制定绩效考核指导意见,加强对事业单位内部考核的指导,引导事业单位不断提高社会公益服务水平。各事业单位要完善内部考核制度,把绩效考核与分配更好地结合起来,发挥绩效工资分配的激励导向作用。

5. 统筹考虑事业单位离退休人员待遇

在实施绩效工资的同时,对事业单位离退休人员发放补贴。其中,离休人员的补贴水平按中央纪委、中央组织部、监察部、财政部、人力资源社会保障部、审计署发布的《关于解决离休人员待遇有关问题的通知》精神执行;退休人员的补贴标准由县级以上人民政府人力资源社会保障部门、财政部门确定。绩效工资不作为计发离退休费的基数。

三、实行以增加知识价值为导向的分配政策

2016年,中共中央印发《关于深化人才发展体制机制改革的意见》,提出要实行以增加知识价值为导向的激励机制,完善市场评价要素贡献并按贡献分配的机制。同年,中共中央办公厅、国务院办公厅印发了《关于实行以增加知识价值为导向分配政策的若干意见》,要求是深入学习贯彻习近平总书记系列重要讲话精神,加快实施创新驱动发展战略,实行以增加知识价值为导向的分配政策,充分发挥收入分配政策的激励导向作用,激发广大科研人员的积极性、主动性和创造性,鼓励多出成果、快出成果、出好成果,推动科技成果加快向现实生产力转化。

实行以体现增加知识价值为导向的收入分配机制主要措施是建立包括基本工资、绩效工资和成果转化收益在内的"三元薪酬体系"。

一是逐步提高科研人员收入水平。在保障基本工资水平正常增长的基础

上,逐步提高体现科研人员履行岗位职责、承担政府和社会委托任务等的基础性绩效工资水平,并建立绩效工资稳定增长机制。加大对作出突出贡献科研人员和创新团队的奖励力度,提高科研人员科技成果转化收益分享比例。强化绩效评价与考核,使收入分配与考核评价结果挂钩。结合科研机构、高校分类改革和职责定位,加强对科研机构、高校中长期目标考核,建立与考核评价结果挂钩的经费拨款制度和员工收入调整机制,对评价优秀的加大绩效激励力度。

二是发挥财政科研项目资金的激励引导作用。对不同功能和资金来源的科研项目实行分类管理,在绩效评价基础上,加大对科研人员的绩效激励力度。完善科研项目资金和成果管理制度,对目标明确的应用型科研项目逐步实行合同制管理。对社会科学研究机构和智库,推行政府购买服务制度。

三是鼓励科研人员通过科技成果转化获得合理收入。对财政资助科研项目所产生的科技成果在实施转化时,应明确项目承担单位和完成人之间的收益分配比例。对于接受企业、其他社会组织委托的横向委托项目,允许项目承担单位和科研人员通过合同约定知识产权使用权和转化收益,探索赋予科研人员科技成果所有权或长期使用权。逐步提高稿费和版税等付酬标准,增加科研人员的成果性收入。

四是加强科技成果产权对科研人员的长期激励。坚持长期产权激励与现金奖励并举,探索对科研人员实施股权、期权和分红激励,加大在专利权、著作权、植物新品种权、集成电路布图设计专有权等知识产权及科技成果转化形成的股权、岗位分红权等方面的激励力度。完善科研机构、高校领导人员科技成果转化股权奖励管理制度和国有企业对科研人员的中长期激励机制。尊重企业作为市场经济主体在收入分配上的自主权,完善国有企业科研人员收入与科技成果、创新绩效挂钩的奖励制度。国有企业科研人员按照合同约定薪酬,探索对聘用的国际高端科技人才、高端技能人才实行协议工资、项目工资等市场化薪酬制度。符合条件的国有科技型企业,可采取股权出售、股权奖励、股权期权等股权方式,或项目收益分红、岗位分红等分红方式进行激励。对符合条件的股票期权、股权期权、限制性股票、股权奖励以及科技成果投资入股等实施递延纳税优惠政策,鼓励科研人员创新创业,进一步促进科技成果转化。

五是允许科研人员和教师依法依规适度兼职兼薪。允许科研人员从事兼职工作获得合法收入。科研人员在履行好岗位职责、完成本职工作的前提下,经所在单位同意,可以到企业和其他科研机构、高校、社会组织等兼职并取得合法报酬。经所在单位批准,科研人员可以离岗从事科技成果转化等创新创业活动。兼职或离岗创业收入不受本单位绩效工资总量限制,个人须如实将兼职收入报单位备案,按有关规定缴纳个人所得税。允许高校教师从事多点教学获得合法收入。高校教师经所在单位批准,可开展多点教学并获得报酬。鼓励利用网络平台等多种媒介,推动精品教材和课程等优质教学资源的社会共享,授课教师按照市场机制取得报酬。

第三节 福利保障权

福利制度是指国家和用人单位为保障和解决职工工作、生活中的共同需要和特殊需要,在工资和保险待遇之外,对职工在经济上和生活上给予帮助和照顾的制度。事业单位现行的福利制度主要有假期制度、优抚制度等。

福利制度是薪酬保障的重要组成部分,在专业技术人员和其他劳动者权益保障中发挥着重要的作用。在我国,很多福利项目已经法定化,成为用人单位必须承担的强制性义务。《事业单位人事管理条例》规定,事业单位工作人员享受国家规定的福利待遇,事业单位执行国家规定的工时制度和休假制度。

一、福利制度

福利保障的范围十分广泛,《国际会计准则》将单位支付给员工的所有报酬统称为福利,而实际上,这还不包括由国家和社区所提供的改善公民工作和生活条件、提高其生活质量的福利措施。

(一) 福利的内涵

从人力资源管理的角度看,福利可视为用人单位在工资薪酬之外提供的所有附加报酬,既包括基本社会保障,如基本养老保险、医疗保险、失业保险、工伤保险、生育保险等社会保险和住房公积金,又包括其他专门福利项目,如支付给远途职工的交通补贴;既包括法定福利,如带薪休假,又包括单位自主设立的福利项目,如选择发放福利用品;既包括长期福利项目,如供暖费补贴,又包括短期或临时福利,如安家费补助;既包括货币化福利补贴,又包括非货币性福利,如免费午餐等。

我国传统上所指的职工福利,主要指国家或用人单位为全体职工举办的集体生活福利设施、文化福利设施以及各项补贴制度等,不包括社会保险。可分为三类:第一类是为减轻职工家务劳动,提供生活上的方便条件而提供的各种集体福利设施,如食堂、幼儿园、浴室、理发室、集体宿舍等。第二类是为减轻职工生活困难而建立的各种补贴制度,如生活困难补助、冬季取暖费、上下班交通补贴、职工探亲费等。第三类是丰富职工文化生活的设施或活动,如文化宫、图书馆、文化体育活动等,具有随机性、针对性和集体性等特点。

改革开放以来,为提高国有单位的活力,国家提出了福利保障货币化和社会化的目标,并采取了"暗补"转"明补"的措施,如从举办职工食堂到直接给予个人伙食补贴等,既减轻了单位负担,又提高了福利的公平性和透明度。

福利措施作为人力资源管理的工具,具有重要的激励功能。在市场经济条件下,针对不同情况、不同对象,采取灵活多样的福利政策,可以反映出单位管理水平的高低,对保障和促进专业技术人员和其他劳动者权益具有重要意义。

(二) 法定福利项目

法定福利项目及其支出是指为法律所承认并可作为单位人工成本在税前

扣除的福利项目和费用。由于福利支出的范围广泛、形式多样，在征收企业税费、核算企业所得的过程中，必须明确相关费用的范围，以避免税收流失。

2009年1月，国家税务总局《关于企业工资薪金及职工福利费扣除问题的通知》规定，企业职工福利费包括以下内容：

（1）福利设施和人员费。尚未实行分离办社会职能的企业，其内设福利部门所发生的设备、设施和人员费用，包括职工食堂、职工浴室、理发室、医务所、托儿所、疗养院等集体福利部门的设备、设施及维修保养费用和福利部门工作人员的工资薪金、社会保险费、住房公积金、劳务费等。

（2）为职工卫生保健、生活、住房、交通等所发放的各项补贴和非货币性福利。包括企业向职工发放的因公外地就医费用、未实行医疗统筹企业职工医疗费用、职工供养直系亲属医疗补贴、供暖费补贴、职工防暑降温费、职工困难补贴、救济费、职工食堂经费补贴、职工交通补贴等。

（3）按照其他规定发生的其他职工福利费。包括丧葬补助费、抚恤费、安家费、探亲假路费等。

2019年4月，新修订的《企业所得税法实施条例》规定，企业发生的以上职工福利费支出，不超过工资薪金总额14%的部分，准予扣除。

二、津贴补贴制度

津贴补贴都是辅助性、特殊性的薪酬形式。在人力资源管理实践中，津贴补贴一般被混用甚至同时使用，称津补贴制度，但二者也存在一定的差异。

（一）津贴补贴的概念

津贴一般是对在特殊工作条件下劳动者的劳动消耗和额外生活支出等的补偿性劳动报酬。特殊工作条件包括艰苦环境、危险环境以及其他危及人身安全或需额外付出体力和精力的工作岗位的工作，如艰苦边远地区津贴、矿山井下津贴、高温津贴、野外矿工津贴、林区津贴、山区津贴、驻岛津贴、艰苦气象台站津贴、保健津贴、医疗卫生津贴等。津贴是对特殊工作岗位的补偿，一般具有特殊性、稳定性。津贴并非所有岗位人员都有，主要针对特殊工作环境和特殊岗位的人员，并在工作环境不变的情况下始终存在。

补贴一般指由于工作环境的临时性变化带来劳动者收入相对减少或支出增加而支付给劳动者的补助性报酬，如差旅补贴、物价补贴、通信补贴、交通补贴、伙食补贴、生活补贴等。与津贴不同，补贴一般用于所有人员和岗位，但随着影响职工收入的环境条件发生改变，补贴可能随之取消。

（二）津贴补贴制度

津贴补贴作为辅助性薪酬形式，企业可根据自身情况制定相应的制度，并通过劳动合同与劳动者进行约定。但机关、事业单位的津补贴涉及财政支出、国有资产管理等，与公共利益密切相关，对机关、事业单位收入分配秩序具有重要影响，其发放项目、水平和方式等一般需由国家制定统一的管理制度。

2013年，《违规发放津贴补贴行为处分规定》指出，有违规发放津贴补贴行为的行政机关、事业单位，其负有责任的领导人员和直接责任人员，以及有违规发放津贴补贴行为的个人，应当承担纪律责任。其中规定的津贴补贴包括国家统一规定的津贴补贴和工作性津贴、生活性补贴、离退休人员补贴、改革性补贴以及奖金、实物、有价证券等。

三、事业单位的津贴补贴项目

事业单位津贴补贴分为艰苦边远地区津贴和特殊岗位津贴补贴。

艰苦边远地区津贴主要是根据自然地理环境、社会发展等方面的差异，对在艰苦边远地区工作生活的工作人员给予的适当补偿。艰苦边远地区的事业单位工作人员，执行国家统一规定的艰苦边远地区津贴制度。执行艰苦边远地区津贴所需经费，属于财政支付的，由中央财政负担。国家建立相应的艰苦边远地区津贴实施范围和类别的评估指标体系，实行艰苦边远地区津贴水平正常增长机制，并对其实施范围、类别进行动态调整。

特殊岗位津贴补贴主要体现对事业单位苦、脏、累、险及其他特殊岗位工作人员的政策倾斜。国家对特殊岗位津贴补贴实行统一管理，统一制定特殊岗位津贴补贴政策和规范管理办法,规定特殊岗位津贴补贴的项目、标准和实施范围,明确调整和新建特殊岗位津贴补贴的条件,建立动态管理机制。

除国务院和国务院授权的人事、财政部门外,任何地区、部门和单位不得自行建立特殊岗位津贴补贴项目,扩大实施范围和提高标准。国家根据经济发展和财力增长及调控地区工资收入差距的需要,可调整艰苦边远地区津贴标准;根据财政状况和对特殊岗位的倾斜政策,适时调整特殊岗位津贴补贴标准。

改革开放以来,我国事业单位先后实行了10多项与专业技术人员有关的特殊岗位津贴,并制定了相应的标准,如教师教龄津贴、班主任津贴、护龄津贴、卫生防疫津贴等。其中,多数仍然有效,并需随经济社会发展对津贴标准进行及时调整。

四、优抚制度

优抚制度是指职工死亡后,国家为其办理丧葬及对其生前的亲属提供物质帮助的待遇制度,主要适用于机关、事业单位,主要包括丧葬补助费、一次性抚恤金和遗属生活困难补助费。

(一) 丧葬补助费

丧葬补助费标准由各省、自治区、直辖市确定。中央国家机关及其所属事业单位执行所在地标准,由单位一次性发给其亲属。

(二) 一次性抚恤金

2008年6月,人力资源社会保障部、民政部、财政部联合下发《关于事业单位工作人员和离退休人员死亡一次性抚恤金发放办法的通知》,对国家机关、事业单位工作人员及离退休人员死亡一次性抚恤金计发办法进行调整。

按照规定,参照《公务员法》管理事业单位的工作人员和离退休人员死亡一次性抚恤金标准和计发办法,按照《关于国家机关工作人员及离退休人员死亡一次性抚恤金发放办法的通知》执行。参加统筹地区工伤保险的事业单位工作人员属于因工死亡的，一次性工亡补助金标准按当地工伤保险规定执行。已参加企业职工基本养老保险事业单位的工作人员和离退休人员，属于病故的，一次性抚恤待遇按当地规定执行。

除上述情形外，事业单位工作人员和离退休人员死亡一次性抚恤金标准从2004年10月1日起调整为：因公牺牲为本人生前40个月基本工资或基本离退休费，病故为本人生前20个月基本工资或基本离退休费。

从2006年7月1日起，执行事业单位工作人员和离退休人员死亡一次性抚恤金的，一次性抚恤金的计发基数也进行了调整。工作人员计发基数为本人生前最后一个月的岗位工资和薪级工资之和。离退休人员计发基数为本人生前最后一个月享受的基本离退休费。退职人员计发基数为本人基本退职生活费。驻外使领馆工作人员、驻外非外交人员和港澳地区内派人员中原属事业单位工作人员的，计发基数为本人国内（内地）基本工资。

(三) 遗属生活困难补助费

1980年2月13日，《关于执行〈国家机关、事业单位工作人员死亡后遗属生活困难补助暂行规定〉的通知》对事业单位工作人员死亡后遗属生活困难补助作了明确规定。

按照规定，事业单位职工死亡后，遗属生活确有困难的，死者生前单位可以根据"困难大的多补助，困难小的少补助，不困难的不补助"的原则，给予定期或临时补助。

遗属生活困难补助对象，指依靠死者生前供养的亲属，包括：父（包括抚养死者长大的抚养人）、夫年满60岁，或者基本丧失劳动能力的；母（包括抚养死者长大的抚养人）、妻年满50岁，或者基本丧失劳动能力的；子女（包括遗腹子女、养子女、前妻或前夫所生子女）、弟妹年未满16岁，或者满16岁尚在普通中学学习，或者基本丧失劳动能力的。

遗属生活困难补助标准，一般以能维持当地群众生活水平为原则，具体标准由各省、自治区、直辖市规定。中央国家机关及其所属事业单位，执行所在地区的标准。

按照规定，死者配偶有固定收入的，其收入数额在扣除本人必要的生活费以后，剩余部分应作为遗属生活费，不足时，再给予补助。扣除标准，由各地区根据本地一般工作人员的生活水平确定。在确定补助数额时，被补助对象参加劳动或农业生产所得的报酬，应作为本人的生活费用考虑在内。遗属生活困难补助费，按应享受的人数和标准计算，其总额不得超过死者生前的工资额。遗属生活困难补助费，在死者生前所在单位的经费内列支。

法律连线

主要政策法规

1. 《工资支付暂行规定》
2. 《工资集体协商试行办法》
3. 《最低工资规定》

思考题

1. 市场经济条件下，国家应如何促进专业技术人员薪酬权利的实现，提高专业技术人员收入？
2. 你对本单位的薪酬制度和薪酬水平是否满意？
3. 事业单位和非国有企业专业技术人员在薪酬权利方面应有哪些不同之处？
4. 事业单位工资结构是否合理，工资制度应如何改革？
5. 在市场经济条件下，福利保障制度应如何改革？

第四讲
知识产权

学习目的

知识产权体现了专业技术人员创造性智力劳动的成果,是专业技术人员权益保护的重要领域。专业技术人员掌握知识产权保护基本理论,有利于辨别知识产权侵权行为,维护自身合法权益。

通过本讲的学习,专业技术人员应了解专利权和著作权的基本内容,权利主体和客体,掌握专利侵权、著作权侵权及其法律责任,以及职务成果的权利归属原则,并能够正确运用这些知识,切实保障自身知识产权不受侵害。

第一节 专利权

知识产权是公民和法人对其智力成果所拥有的权利,也可称为"智慧财产权""智力成果权"等。知识产权保护的客体就是"智力成果"。知识产权与专业技术人员的工作和权益密切相关,是社会对专业技术人员创造性劳动的尊重和回报,是专业技术人员权益保护的重要和关键领域。知识产权包括著作权、专利权、商标权等。本讲介绍专业技术人员知识产权保护的重点,即专利权和著作权等。

一、专利权的特征

专利权是一项重要的知识产权,是指在法律规定的范围内独占使用、收益、处分其发明创造,并排除他人干涉的权利。专利分为发明、实用新型和外观设计三种。专利权具有无形性、专有性、时间性和地域性等知识产权的主要法律特征。

(一)无形性

无形性是指专利权主要表现为一种无形的财产权,如技术方案和设计等,与房产、汽车等有形物品一样受到法律保护。但与有形财产通常属于特定持有人不同,专利易于被他人复制,可被多人同时占有,并有被无限复制和被无限数量的人同时占有的可能,因此需要国家给予特别明确的保护。

(二)专有性

专有性也称排他性、垄断性或独占性,是专利权最重要的法律特点之一。专利权是由政府主管部门根据发明人或申请人的申请,认为其专利成果符合专利法规定的条件,而授予申请人或其合法受让人的一种专有权。专利权人对其拥有的专利享有独占或排他的权利,未经其许可或者出现法律规定的特殊情况，任何人不得使用，否则即构成侵权。

（三）时间性

时间性是指法律对专利权人的保护具有一定的保护期限。专利权不是无期限的，超过法定时间限制则不再予以保护，专利权随即成为人类共同财富，任何人都可以使用。各国专利法对于专利权的有效保护期均有规定，而且计算保护期限的起始时间也各不相同。《专利法》第 42 条规定，发明专利权的期限为 20 年，实用新型和外观设计专利权的期限为 10 年，均自申请日起计算。

（四）地域性

地域性是指对专利权的空间限制。依一国法律取得的专利权只在该国领域内受到法律保护，而在其他国家则不受法律保护。任何一项专利权，只有依一定地域内的法律才得以产生并在该地域内受到法律保护，这是专利权区别于有形财产权的另一个重要法律特征。如果专利权人希望在其他国家享有专利权，就必须依照其他国家的法律另行提出专利申请。除非加入国际条约及双边协定另有规定，任何国家都不承认其他国家或者国际性知识产权机构所授予的专利权。

二、专利权的主体与客体

专利权的主体和客体是指"谁"能或不能享有专利，以及"什么成果"可以成为专利的对象。

（一）专利权的主体

专利权的主体是指在专利权法律关系中享有权利和承担义务的人。根据法律规定，专利权的权利主体可以分为以下几类：

1. 公民。公民对其非职务发明专利享有权利，是专利权的所有人。

2. 法人及非法人单位。法人及非法人单位对发明人完成的职务发明享有专利权。职务发明是指为执行本单位的任务或者主要利用本单位的物质技条件所完成的发明创造。根据《专利法》规定，职务发明有两大类：一类是执行本单位的任务而完成的发明创造。另一类是主要利用本单位的物质技术条件所完成的发明创造。本单位的物质技术条件，是指本单位的资金、设备、零部件、原材料或者不对外公开的技术资料等。

3. 共同发明人。共同发明是指两个以上单位或者个人合作完成的发明创造。共同发明创造除另有协议的以外，申请专利的权利属于共同完成的单位或者个人；申请被批准后，申请的单位或个人为专利权人。

4. 合法受让人。合法受让人是指依有偿转让或无偿继承、赠与等方式承受专利的自然人、法人及非法人单位。

5. 外国人。外国人包括不具有本国国籍的自然人、外国企业和外国其他组织。在中国没有经常居所或者营业所的外国人在中国申请专利的，依照其所属国同中国签订的协议或者共同参加的国际条约，或者依照互惠原则，依据我国《专利法》规定办理。

《专利法》规定，同样的发明创造只能授予一项专利权。但是，同一申请人同日对同样的发明创造既申请实用新型专利又申请发明专利，先获得的实用新型专利权尚未终止，且申请人声明放弃该实用新型专利权的，可以授予发明专利权。两个以上的申请人分别就同样的发明创造申请专利的，专利权授予最先申请的人。

（二）专利权的客体

专利权的客体是指专利权利和义务共同指向的对象，也是专利法所保护的对象。依照和我国《专利法》规定，我国专利权的客体包括发明、实用新型和外观设计三类。

1. 发明。发明是指对产品、方法或者其改进所提出的新的技术方案。它是利用自然规律在技术应用上作出的创造和革新，而不仅仅是对自然规律的新的认识。发明按其表现形式可归结为三类：产品发明、方法发明、改进发明，包括新产品及其生产方法、使用方法等，技术含量高，需要花费大量的创造性劳动。

2. 实用新型。实用新型是指对产品的形状、构造或者其结合所提出的适于实用的新的技术方案。简单地说，实用新型专利的关键是要包括产品的形状、构造或者其结合的变化，才具备申请条件。

实用新型专利

《专利法》所称实用新型是指对产品的形状、构造或者其结合所提出的适于实用的新的技术方案。

实用新型与发明的不同之处在于：第一，实用新型只限于具有一定形状的产品，不能是一种方法，也不能是没有固定形状的产品；第二，对实用新型的创造性要求不太高，而实用性较强。

产品的形状是指产品所具有的、可以从外部观察到的确定的空间形状。对产品形状所提出的技术方案可以是对产品三维形态的空间外形所提出的技术方案，例如对凸轮形状、刀具形状作出的改进；也可以是对产品的二维形态所提出的技术方案，例如对型材的断面形状的改进。

产品的构造是指产品的各个组成部分的安排、组织和相互关系。产品的构造可以是机械构造，也可以是线路构造。机械构造是指构成产品的零部件的相对位置关系、连接关系和必要的机械配合关系等，线路构造是指构成产品的元器件之间的确定的连接关系。

3. 外观设计。外观设计是指对产品的形状、图案或者其结合以及色彩与形状、图案的结合所作出的富有美感并适于工业应用的新设计。外观设计以产品的形状、图案和色彩等为要素，以美感目的为核心，并且能适于工业应用，即可以通过工业手段大量复制。

《专利法》规定，授予专利权的发明和实用新型，应当具备新颖性、创造性和实用性。新颖性，是指该发明或者实用新型不属于现有技术，也没有任何单位或者个人就同样的发明或者实用新型在申请日以前向国务院专利行政部门提出过申请,并记载在申请日以后公布的专利申请文件或者公告的专利文件中;创造性,是指与现有技术相比,该发明具有突出的实质性特点和显著的进步;实用性,是指该发明或者实用新型能够制造或者使用,并且能够产生积极效果。

(三) 不授予专利权的对象

根据我国《专利法》第5条、第25条的规定,下列对象不授予专利权:

1. 违反法律、社会公德或妨害公共利益的发明创造;违反法律、行政法规的规定获取或者利用遗传资源,并依赖该遗传资源完成的发明创造。

2. 科学发现。如牛顿的力学定律与爱因斯坦的相对论就不能获得专利权,尽管其对社会的贡献远远超过其他已经获得专利权的发明。

3. 智力活动的规则和方法。但对进行智力活动的工具、设备、装置等产品则可以授予专利权。

4. 疾病的诊断和治疗方法。但用以诊断或治疗疾病的仪器和方法可以授予专利权。

5. 动物和植物品种。但培育和生产动植物的方法可以授予专利权。

6. 用原子核变换方法获得的物质。

7. 对平面印刷品的图案、色彩或者二者的结合作出的主要起标识作用的设计。

三、专利权的权利内容

专利权权利包括制造权、使用权、销售权、转让权、质押权、许可权、收益权等。《专利法》对其作了明确规定。

(一) 独占实施权

《专利法》第11条规定,发明和实用新型专利权被授予后,任何单位或者个人未经专利权人许可,都不得实施其专利。一是对产品发明,规定不得为生产经营目的制造、使用、许诺销售、销售、进口他人专利产品。二是对方法发明,规定不能使用其专利方法以及使用、许诺销售、销售、进口依照该专利方法直接获得的产品。三是外观设计专利权被授予后，任何单位或者个人未经专利权人许可，都不得实施其专利，即不得为生产经营目的制造、许诺销售、销售、进口其外观设计专利产品。

独占实施权是最重要的专利权之一，包括了制造权、使用权、许诺销售权、销售权、进口权等。其中，使用权仅涉及专利产品和专利方法，外观设计不含使用权。许诺销售是专利权人通过与他人订立合同，在合同中约定由对方销售专利权产品的行为不构成侵权。

(二) 实施许可权

《专利法》第12条规定，任何单位或者个人实施他人专利的，应当与专利权人订立实施许可合同，向专利权人支付专利使用费。被许可人无权允许合同规定以外的任何单位或者个人实施该专利。

专利权人通过合同约定采用不同的许可方式，如独占许可、排他许可或普通许可等。

1. 独占许可

独占许可是指被许可人经许可人的许可，可以在一定的期限和地域内，实施该专利，专利权人自己不能在该期限和区域内使用或再允许他人使用专利权。如果专利权人自己实施专利，则构成违约；如果专利权人许可第三人实施专利，不但构成违约，而且专利权人和第三人构成共同侵权，承担连带责任。

2. 排他许可

排他许可是指专利权人在一定的时间和地域内将专利权许可他人使用，除被许可人和专利权人外，其他人不能在这个时间和地域实施该专利权。如果专利权人在该时间和地域内许可其他人实施专利，专利权人和该第三人构成共同侵权。

3. 普通许可

普通许可是指专利权人在一定期限和地域内将专利权许可给其他人实施，也可以在该时间和地域内再将专利权许可给第三人使用，且专利权人自己也可以在该时间和地域内实施专利。

(三) 转让权

《专利法》第10条规定，专利申请权和专利权可以转让。中国单位或者个人向外国人、外国企业或者外国其他组织转让专利申请权或者专利权的，应当依照有关法律、行政法规的规定办理手续。转让专利申请权或者专利权的，当事人应当订立书面合同，并向国务院专利行政部门登记，由国务院专利行政部门予以公告。专利申请权或者专利权的转让自登记之日起生效。

(四) 标记权

《专利法》第17条规定，发明人或者设计人有权在专利文件中写明自己是发明人或者设计人。专利权人有权在其专利产品或者该产品的包装上标明专利标识。

四、专利侵权及其责任

专利侵权是指在专利权有效期内，未经专利权人许可，侵权人以营利为目的实施其专利的行为，包括假冒他人专利、擅用他人专利等违法行为。专利侵权行为的判定采用相同原则、等同原则和禁止反悔原则。专利侵权需承担相应的法律责任。

(一) 专利侵权行为

根据《专利法》的规定，专利侵权行为的具体形态可分为：未经许可实施他人专利行为、假冒他人专利的行为，以及以非专利产品冒充专利产品、以非专利方法冒充专利方法的行为等。

1. 侵犯他人专利的行为

根据《专利法》的规定，侵犯他人专利权的行为主要是指未经权利人许可以生产经营为目的实施他人专利的行为，主要包括以下3种具体形式：制造、使用、许诺销售、销售、进口他人专利产品；使用他人专利方法以及使用、许诺销售、销售、进口依照该方法直接获得的产品；制造、许诺销售、销售、进口他人外观设计专利产品。

侵犯他人专利权的行为在法律上具有以下特征：一是侵害的对象为有效存在的专利。实施已经被宣告无效、被放弃的专利或者专利期限已经届满的技术，不构成专利侵权。二是必须有侵害行为的发生。即存在未经专利权人许可实施其专利的行为。三是侵权行为人是以生产经营为目的并构成事实侵权行为。四是侵权行为人主观上无须有过错。即使不知道他人享有专利权而实施其专利的行为，也属于侵权。因此，在专利侵权纠纷处理中，专利权人无须承担被控的侵权人是否有主观过错的举证责任。

2. 假冒专利的行为

根据《专利法实施细则》的规定，假冒专利的行为具体包括：

（1）假冒专利标识。一是在未被授予专利权的产品或者其包装上标注专利标识；二是专利权被宣告无效后或者终止后继续在产品或者其包装上标注专利标识；三是未经许可在产品或者产品包装上标注他人的专利号。

（2）销售假冒专利标识的产品。

（3）虚假宣传。一是在产品说明书等材料中将未被授予专利权的技术或者设计称为专利技术或者专利设计；二是将专利申请称为专利；三是未经许可使用他人的专利号，使公众将所涉及的技术或者设计误认为是专利技术或者专利设计。

（4）伪造或者变造专利证书、专利文件或者专利申请文件。

（5）其他使公众混淆，将未被授予专利权的技术或者设计误认为是专利技术或者专利设计的行为。

从以上情形可以看出，假冒专利的行为大体可分为冒充专利的行为和假冒他人专利的行为。冒充专利是将不是专利的产品标示为专利产品，可能并没有侵犯他人专利权。而假冒他人专利行为是指假冒他人已经取得的、真实存在的专利，实际也可归于侵犯他人专利的行为，与侵犯他人专利的行为的区别是，这类行为可能并没有实质性地实施他人专利。

典型案例

侵害发明专利权①

金先生向国家知识产权局申请了发明专利。其专利的产品投入市场后，带来了可观的经济效益，也成为了被侵权的对象。金先生经过调查，发现销售标有假冒"新佳义"铭牌的侵权产品，并对相关销售行为进行了公证。涉案专利具有较强的稳定性和良好的市场应用价值，被告因侵权行为获得丰厚的非法利益，给原告造成了重大的经济损失，应承担侵权责任，赔偿原告经济损失。

金先生围绕其诉讼请求依法提交了证据，法院当庭对证据的原件进行了核实，并对证据进行了勘验。经庭审审查，法院对有关证据的真实性予以认可。

法院认为：《专利法》第 11 条规定，发明专利权被授予后，除《专利法》另有规定的以外，任何单位或者个人未经专利权人许可，都不得实施其专利，即不得为生产经营目的制造、使用、许诺销售、销售、进口其专利产品。涉案专利目前为有效专利权，依法应当受到法律保护，原告作为涉案专利的专利权人，有权以自己的名义提起本案诉讼。

《专利法》第 59 条规定，发明专利权的保护范围以其权利要求的内容为准，说明书及附图可以用于解释权利要求的内容。《最高人民法院关于审理侵犯专利权纠纷案件应用法律若干问题的解释》第 7 条规定，判定被诉侵权技术方案是否落入专利权的保护范围，应当审查权利人主张的权利要求所记载的全部技术特征。被诉侵权技术方案包含与权利要求记载的全部技术特征相同或者等同的技术特征的，应当认定其落入专利权的保护范围；被诉侵权技术方案的技术特征与权利要求记载的全部技术特征相比，缺少权利要求记载的一个以上的技术特征，或者有一个以上技术特征不相同也不等同的，应当

---

① 改编自北京知识产权法院民事判决书（2018）京 73 民初 795 号，http://www.bjcourt.gov.cn/cpws/paperView.htm? id=100869501602&n=2

认定其没有落入专利权的保护范围。

本案中，金先生主张涉案产品落入了涉案专利权利要求的保护范围。经法院庭审勘验比对，涉案产品所体现的技术特征完全包含了涉案专利权利要求的全部技术特征，落入了涉案专利权利要求的保护范围。据此，本院确认涉案产品构成了侵犯涉案专利权的产品。

关于赔偿数额，《专利法》第65条规定，侵犯专利权的赔偿数额按照权利人因被侵权所受到的实际损失确定；实际损失难以确定的，可以按照侵权人因侵权所获得的利益确定。权利人的损失或者侵权人获得的利益难以确定的，参照该专利许可使用费的倍数合理确定。赔偿数额还应当包括权利人为制止侵权行为所支付的合理开支。权利人的损失、侵权人获得的利益和专利许可使用费均难以确定的，人民法院可以根据专利权的类型、侵权行为的性质和情节等因素，确定给予1万元以上100万元以下的赔偿。本案中，金先生请求判定赔偿其经济损失和合理支出，但未举证证明其因侵权所遭受的损失，或者被告的侵权获利，也未提交涉案专利的许可使用费等证据，也未举证证明其合理支出的数额。据此，本院综合考虑以下因素，对本案的损失及合理支出等数额予以酌定：涉案专利为发明专利，且为产品专利，对产品利润的贡献率应较高；涉案产品与涉案专利系相同侵权；涉案产品单价为1 600元，售价较高；在案仅能证明被告实施了销售行为；被告的经营方式与经营规模；在案无涉案产品销售情况的证据；原告聘请了律师出庭并采取了公证保全。

综上所述，依据《专利法》第11条、第59条、第65条，《最高人民法院关于审理侵犯专利权纠纷案件应用法律若干问题的解释》第7条之规定，法院判决如下：(1)被告自判决生效之日起立即停止销售侵害原告发明专利权产品的行为；(2)被告自判决生效之日起10日内赔偿原告经济损失（包含合理支出）共计5万元；如果未按判决指定的期间履行给付金钱义务，应当依照《民事诉讼法》第253条的规定，加倍支付迟延履行期间的债务利息。

(二) 专利侵权行为的判定原则

专利权作为知识产权,其保护的客体具有技术上的特殊性,需要明确技术方案的特征等,特别是发明专利和实用新型专利的侵权判定较为复杂,主要根据以下原则进行判定。

1. 相同原则

相同原则也称全面覆盖原则,是指被控侵权的产品或方法的技术特征包含了与专利独立权利要求中记载的全部必要技术特征相同的对应特征,是各国通行的专利侵权判定的基本原则。在相同原则下的侵权属于文字含义上的侵权,称为相同侵权或字面侵权。

在进行相同原则判定时,使用与专利技术特征完全相同的产品和方法构成侵权,使用与专利技术特征要求的下位概念也属于侵权。

被控侵权的产品或方法在利用专利权利要求中的全部必要技术特征的基础上,又增加了新的技术特征,不考虑被控侵权产品或方法的技术效果与专利技术是否相同,都落入了专利权的保护范围。

被控侵权的产品或方法如果是对在先专利技术的技术方案的改进并获得了专利权,则属于从属专利或改进专利,落入在先专利权的保护范围。主要包括:一是在后产品专利权利要求在包含了在先产品专利权利要求的全部技术特征的基础上,增加了新的技术特征;二是在原有产品专利权利要求的基础上,发现了原来未曾发现的新的用途;三是在原有方法专利权利要求的基础上,增加了新的技术特征。

对于包含功能性特征的权利要求,如果被控侵权技术方案不但实现了与该特征相同的功能,而且实现该功能的结构、步骤与专利说明书中记载的具体实施方式所确定的结构、步骤相同的,则被控侵权技术方案落入专利权保护范围。

2. 等同原则

等同原则是指被控侵权的产品或方法中有一个或者一个以上技术特征与专利独立权利要求保护的技术特征相比,从字面上看不相同,但是属于等同特征，或二者仅有非实质性区别的情况下，应当认定被诉侵权技术方案落入专利权保护范围。

等同特征又称等同物，是指被控侵权物中的技术特征与专利权利要求中的相应技术特征相比，以基本相同的手段，实现基本相同的功能，产生了基本相同的效果，并且所属技术领域普通技术人员通过阅读专利权利要求和说明书，而无须经过创造性劳动就能够联想到的技术特征。

基本相同的手段，一般是指在被诉侵权行为发生日前专利所属技术领域惯常替换的技术特征以及工作原理基本相同的技术特征。

基本相同的功能，是指被诉侵权技术方案中的替换手段所起的作用与权利要求对应技术特征在专利技术方案中所起的作用基本上是相同的。

基本相同的效果，一般是指被控侵权技术方案中的替换手段所达到的效果与权利要求对应技术特征的技术效果无实质性差异。

被控侵权技术方案中的替换手段相对于权利要求对应技术特征在技术效果上不属于明显提高或者降低的，应当认为属于无实质性差异。

无须经过创造性劳动就能够想到，即对所属技术领域的普通技术人员而言，被控侵权技术方案中替换手段与权利要求对应技术特征相互替换是显而易见的。

3. 禁止反悔原则

禁止反悔原则是指在专利审批、撤销或无效程序中，专利权人通过书面声明或者修改专利文件的方式，对专利权利要求的保护范围作了限制承诺或者部分地放弃了保护，并因此获得了专利权，而在专利侵权诉讼中，法院适用等同原则确定专利权的保护范围时，应当禁止专利权人将已被限制、排除或者已经放弃的内容重新纳入专利权保护范围。适用禁止反悔原则应当符合以下条件：（1）专利权人对有关技术特征所作的限制承诺或者放弃必须是明示的，而且已经被记录在专利文档中。（2）限制承诺或者放弃保护的技术内容，必须对专利权的授予或者维持专利权有效产生了实质性作用。禁止反悔原则的适用应当以被告提出请求为前提，并由被告提供原告反悔的相应证据。

对侵犯外观设计专利权的判定，应判断专利产品的外观设计与被控侵权产品的外观设计是否构成相同或者相近似：（1）如果两者的形状、图案、色彩等主要设计部分（要部）相同，则应当认为两者是相同的外观设计。（2）如果构成要素中的主要设计部分（要部）相同或者相近似，次要部分不相同，则应当认为是相近似的外观设计。（3）如果两者的主要设计部分（要部）不相同或者不相近似，则应当认为是不相同的或者是不相近似的外观设计。专利产品的外观设计与被控侵权产品的大小、材质、内部构造及性能，不得作为判定两者是否相同或者相近似的依据。

（三）专利侵权的责任

《专利法》规定，未经专利权人许可，实施其专利，即侵犯其专利权，引起纠纷的，由当事人协商解决；不愿协商或者协商不成的，专利权人或者利害关系人可以向人民法院起诉，也可以请求管理专利工作的部门处理，追究侵权人的民事责任、行政责任以至刑事责任。

1. 专利侵权的民事责任

专利权人对侵权人有权要求停止侵权行为，并提出民事赔偿。根据民法的有关规定，任何人未经许可，为了生产经营目的，实施了侵犯专利权的行为，专利权人或者利害关系人可以请求停止侵权。

《专利法》规定，专利管理机关或者人民法院在处理侵权的时候，可责令侵权人停止侵权和赔偿损失。侵犯专利权的赔偿数额按照权利人因被侵权所受到的实际损失确定；实际损失难以确定的，可以按照侵权人因侵权所获得的利益确定。权利人的损失或者侵权人获得的利益难以确定的，参照该专利许可使用费的倍数合理确定。赔偿数额还应当包括权利人为制止侵权行为所支付的合理开支。

权利人的损失、侵权人获得的利益和专利许可使用费均难以确定的，人民法院可以根据专利权的类型、侵权行为的性质和情节等因素，确定给予 1 万元以上 100 万元以下的赔偿。

专利权人不仅可以要求经济损失赔偿，还可以要求采取恢复专利权人的业务信誉的措施。

2. 专利侵权的行政责任

《专利法》第63条、第64条规定，假冒专利的，除依法承担民事责任外，由管理专利工作的部门责令改正并予公告，没收违法所得，可以并处违法所得4倍以下的罚款；没有违法所得的，可以处20万元以下的罚款。

管理专利工作的部门根据已经取得的证据，对涉嫌假冒专利行为进行查处时，可以询问有关当事人，调查与涉嫌违法行为有关的情况；对当事人涉嫌违法行为的场所实施现场检查；查阅、复制与涉嫌违法行为有关的合同、发票、账簿以及其他有关资料；检查与涉嫌违法行为有关的产品，对有证据证明是假冒专利的产品，可以查封或者扣押。

3. 专利侵权的刑事责任

《专利法》第63条明确规定，专利侵权构成犯罪的，依法追究刑事责任。对于从事专利管理工作的国家机关工作人员以及其他有关国家机关工作人员玩忽职守、滥用职权、徇私舞弊，构成犯罪的，也要依法追究刑事责任；尚不构成犯罪的，依法给予行政处分。

第二节　著作权

著作权也称版权，是知识产权的一种，是法律赋予文学、艺术和科学作品的作者对其创作的作品所享有的专有民事权利。著作权与专业技术人员的工作性质、工作业绩和切身利益密切相关。由于著作权构成的特殊性和复杂性，了解著作权保护的有关法律规定，既是专业技术人员保护自身权益的需要，也是避免个人因工作失误引发权益争议的需要。

一、著作权的主体和客体

著作权的主体是著作权权利的拥有者，客体则是指著作权所保护的作品。

(一) 著作权的主体

《著作权法》规定，著作权主体即著作权人，包括作者和其他依法享有著作权的公民、法人和其他组织。著作权属于作者，是著作权归属的一般原则。作者既包括公民个人，也包括法人和其他组织。著作权自作品创作完成之日起产生。公民、法人或者其他组织的作品，不论是否发表，都依法享有著作权。

《著作权法》第11条规定，作为著作权人的作者包括三类：一是创作作品的公民属于作者；二是由法人或者其他组织主持，代表法人或者其他组织意志创作，并由法人或者其他组织承担责任的作品，法人或者其他组织视为作者；三是如无相反证明，在作品上署名的公民、法人或者其他组织为作者。

由于作品的类别不同，著作权人也存在不同的情形。

1. 合作作品的著作权

《著作权法》第13条规定，两人以上合作创作的作品，著作权由合作作者共同享有。没有参加创作的人，不能成为合作作者。合作作品可以分割使用的，作者对各自创作的部分可以单独享有著作权，但行使著作权时不得侵犯合作作品整体的著作权。合作作品不可以分割使用的，其著作权由各合作作者共同享有，通过协商一致行使；不能协商一致，又无正当理由的，任何一方不得阻止他方行使除转让以外的其他权利，但是所得收益应当合理分配给所有合作作者。

2. 职务作品的著作权

《著作权法》第16条规定，公民为完成法人或者其他组织工作任务所创作的作品属于职务作品，著作权由作者享有，但法人或者其他组织有权在其业务范围内优先使用。作品完成两年内，未经单位同意，作者不得许可第三人以与单位使用的相同方式使用该作品。但经单位同意，作者许可第三人以与单位使用的相同方式使用作品所获报酬，由作者与单位按约定的比例分配。作品完成两年的期限，自作者向单位交付作品之日起计算。

但有下列情形之一的职务作品，作者享有署名权，著作权的其他权利由法人或者其他组织享有，法人或者其他组织可以给予作者奖励：一是主要利用法人或者其他组织的物质技术条件创作，并由法人或者其他组织承担责任的工程设计图、产品设计图、地图、计算机软件等职务作品；二是法律、行政法规规定或者合同约定著作权由法人或者其他组织享有的职务作品。其中，所谓的"物质技术条件"，是指该法人或者该组织为公民完成创作专门提供的资金、设备或者资料。

3. 汇编作品的著作权

汇编若干作品、作品的片段或者不构成作品的数据或者其他材料，对其内容的选择或者编排体现独创性的作品，为汇编作品，其著作权由汇编人享有，但行使著作权时，不得侵犯原作品的著作权。

4. 委托作品的著作权

受委托创作的作品，著作权的归属由委托人和受托人通过合同约定。合同未作明确约定或者没有订立合同的，著作权属于受托人。

5. 影视作品的著作权

电影作品和以类似摄制电影的方法创作的作品的著作权由制片者享有，但编剧、导演、摄影、作词、作曲等作者享有署名权，并有权按照与制片者签订的合同获得报酬。电影作品和以类似摄制电影的方法创作的作品中的剧本、音乐等可以单独使用的作品的作者有权单独行使其著作权。著作权人许可他人将其作品摄制成电影作品和以类似摄制电影的方法创作的作品的，视为已同意对其作品进行必要的改动，但是这种改动不得歪曲篡改原作品。

6. 原件所有权转移的作品的著作权

作品的原件所有权转移后，作者不再享有该原件的所有权，但是其仍然享有作品的著作权。同时，作品原件所有权转移时著作权中的展览权随之转移，即由原件所有权人享有作品的展览权。如美术等作品原件所有权的转移，不视为作品著作权的转移，但美术作品原件的展览权由原件所有人享有。

7. 演绎作品的著作权

演绎作品的著作权归属于演绎人，但是演绎人在利用演绎作品时要受到一定的限制：除法律另有规定的情况，演绎他人的原创作品应该事先得到原创作者的许可并支付相应的报酬；演绎作品的著作权人在行使其著作权时，不能侵犯原作者作品的著作权；第三人在对演绎作品进行利用或进行再演绎时，应征得原创作者和演绎作者的双重许可。

8. 作者身份不明的作品的著作权

作者身份不明的作品，由作品原件的所有人行使除署名权以外的著作权。作者身份确定后，由作者或者其继承人行使著作权。

9. 自传体作品的著作权

著作权归属由双方当事人约定，如果没有约定或者约定不明确的，著作权归自传者享有，写作人或整理人可以获得一定的报酬。

（二）著作权的客体

著作权的客体即受法律保护的作品，是指文学、艺术和科学领域内具有独创性并能以某种有形形式复制的智力成果。作品一般具有创造性和可复制性的特点。

《著作权法》保护的作品种类包括：

1. 文字作品，是指小说、诗词、散文、论文等以文字形式表现的作品。

2. 口述作品，是指即兴的演说、授课、法庭辩论等以口头语言形式表现的作品。

3. 音乐作品，是指歌曲、交响乐等能够演唱或者演奏的带词或者不带词的作品。

4. 戏剧作品，是指话剧、歌剧、地方戏等供舞台演出的作品。

5. 曲艺作品，是指相声、快书、大鼓、评书等以说唱为主要形式表演的作品。

6. 舞蹈作品，是指通过连续的动作、姿势、表情等表现思想情感的作品。

7. 杂技艺术作品，是指杂技、魔术、马戏等通过形体动作和技巧表现的作品。

8. 美术作品，是指绘画、书法、雕塑等以线条、色彩或者其他方式构成的有审美意义的平面或者立体的造型艺术作品。

9. 建筑作品，是指以建筑物或者构筑物形式表现的有审美意义的作品。

10. 摄影作品，是指借助器械在感光材料或者其他介质上记录客观物体形象的艺术作品。

11. 电影作品和以类似摄制电影的方法创作的作品，是指摄制在一定介质上，由一系列有伴音或者无伴音的画面组成，并且借助适当装置放映或者以其他方式传播的作品。

12. 图形作品，是指为施工、生产绘制的工程设计图、产品设计图，以及反映地理现象、说明事物原理或者结构的地图、示意图等作品。

13. 模型作品，是指为展示、试验或者观测等用途，根据物体的形状和结构，按照一定比例制成的立体作品。

国家依法禁止出版、传播的作品；法律、法规，国家机关的决议、决定、命令和其他具有立法、行政、司法性质的文件，及其官方正式译文；通过报纸、期刊、广播电台、电视台等媒体报道的单纯事实消息的时事新闻；历法、数表、通用表格和公式等，不属于著作权法保护的范围。

二、著作权人的权利及其范围

《著作权法》规定，著作权包括人身权利和财产权利。

（一）人身权

著作权的人身权包括发表权、署名权、修改权、保护作品完整权等。

（1）发表权，即决定作品是否公之于众的权利，作者有权发表或不发表其作品。发表权涉及以下方面的决定权：是否发表；何时发表；以何种形式发表，如以论文形式、书籍形式、广播形式等；何地发表。发表的作品应当是尚未公开的作品原件或复制件。公之于众主要是指在公众场合，向不特定的多数人宣讲或展览，被多数人所知。

（2）署名权，即表明作者身份，在作品上署名的权利，是著作权的核心权利。作者可以在其作品上署真名、假名，或不署名，或以后署名。

(3) 修改权，即修改或者授权他人修改作品的权利。

(4) 保护作品的完整权，即保护作品不受歪曲、篡改的权利，他人不得分割、歪曲、篡改作品。

典型案例

漫画家作品被网站侵权①

黄先生为漫画家。2017年，黄先生起诉某网络通信有限公司咸阳市分公司（以下简称咸阳分公司）侵害其著作权。法院立案后，依法适用简易程序，公开开庭进行了审理。

法院认为，原告提交了涉案漫画电子文件打印件、发表链接网页截图。本案审理过程中，本院组织双方当事人使用原告电脑对涉案漫画电子文件和发表链接网页进行了勘验。打开文件名为"00093-醉驾（天骄）"的文件可以看到涉案漫画，该文件属性显示图片大小、尺寸等信息，拍摄时间和修改时间。在浏览器地址栏中输入并进入相关页面，网页中"违章驾驶扣分规则有变"标题下载有涉案漫画，漫画右下角标有"漫画/黄×"，页面右上角显示"2010年2月27日""星期六""厦门日报"等信息。咸阳分公司对上述证据真实性、合法性予以认可，也认可黄先生享有涉案漫画的著作权，但是认为电子文件不能体现图像形成、着色、构图过程，证明效力上存在瑕疵，不能证明是原创作品。本案审理过程中，原告明确表示未将涉案漫画相关著作权授权他人，也非涉案漫画发表媒体的专栏作家或员工等特殊身份。

原告提交了公证书。咸阳分公司对该公证书真实性、合法性、关联性均认可。

法院认为，除法律另有规定外，著作权属于作者。当事人提供的涉案漫画的底稿、原件、合法出版物、著作权登记证书、认证机构出具的证明、取得权利的合同等，可以作为认定著作权权属的证据。本案中，黄先生提交了

---

① 摘编自北京市海淀区人民法院民事判决书（2017）京0108民初35824号，http://www.bjcourt.gov.cn/cpws/paperView.htm?id=100900133253&n=1

涉案漫画电子文件打印件、发表链接网页打印件，主张其系涉案漫画的作者，享有署名权和信息网络传播权。咸阳分公司对黄先生享有上述权利予以认可，但认为黄先生提交的涉案漫画电子文件不能体现其创作过程，不能证明是原创作品，且涉案漫画有可能是职务作品。咸阳分公司未提交任何证据。法院认为，涉案漫画电子文件反映的内容、创作时间等信息能够与涉案漫画发表链接网页内容相互印证，构成黄先生享有涉案作品著作权的初步证据。且黄先生已在本案中明确表示未将涉案漫画相关著作权授权他人，非涉案漫画发表媒体的专栏作家或员工等特殊身份，在无相反证据的情况下，法院依据优势证据原则认定黄先生系涉案漫画的作者。故法院对上述辩称不予采信。综上，法院认定黄先生享有涉案漫画署名权及信息网络传播权，有权提起本案诉讼。黄先生主张咸阳分公司赔偿诉讼合理支出，法院予以支持。

据此，依照《著作权法》第48条、第49条，以及《信息网络传播权保护条例》第22条规定，法院判决被告某网络通信有限公司咸阳市分公司在其涉案微博主页连续24小时刊登致歉声明，就侵犯原告黄先生署名权一事向原告赔礼道歉并赔偿原告经济损失2 000元及合理开支317元。

（二）财产权

财产权，即著作权人对其作品的使用权和获得报酬的权利，包括通过复制、发行、出租、展览、表演、放映、广播、信息网络传播、摄制或者改编、翻译、汇编等方式使用作品并由此获得报酬的权利，以及许可他人以上述方式使用作品，并由此获得报酬的权利。

（1）复制权，即以印刷、复印、拓印、录音、录像、翻录、翻拍等方式将作品制作一份或者多份权利，是著作财产权的基础和核心。

（2）发行权，即以出售或者赠与方式向公众提供作品的原件或者复制件的权利。

（3）出租权，即有偿许可他人临时使用电影作品和以类似摄制电影的方法创作的作品、计算机软件的权利，计算机软件不是出租的主要标的除外。

（4）展览权，即公开陈列美术作品、摄影作品的原件或者复制件的权利。

（5）表演权，即公开表演作品，以及用各种手段公开播送作品的表演的权利。

（6）放映权，即通过放映机、幻灯机等技术设备公开再现美术、摄影、电影和以类似摄制电影的方法创作的作品等的权利。

（7）广播权，即以无线方式公开广播或者传播作品，以有线传播或者转播的方式向公众传播广播的作品，以及通过扩音器或者其他传送符号、声音、图像的类似工具向公众传播广播的作品的权利。

（8）信息网络传播权，即以有线或者无线方式向公众提供作品，使公众可以在其个人选定的时间和地点获得作品的权利。

（9）摄制权，即以摄制电影或者以类似摄制电影的方法将作品固定在载体上的权利。

（10）改编权，即改变作品，创作出具有独创性的新作品的权利。

（11）翻译权，即将原作品从一种语言文字转换成另一种语言文字的权利。

（12）汇编权，即将作品或者作品的片段通过选择或者编排，汇集成新作品的权利。

著作权人可以许可他人行使著作权中的财产权，并依照约定或者《著作权法》有关规定获得报酬。著作权人也可以全部或者部分转让著作权中的财产权。

（三）著作权保护的期限

著作权保护期限是指著作权受法律保护的时间界限，是著作权制度的重要内容。著作权中的人身权和财产权的保护期有着不同的法律规定。

著作人身权中的署名权、修改权和保护作品完整权，是与特定的人身相联系的权利，不因人的死亡而消失，因此受到法律永久保护，没有时间的限制。发表权的保护期较为特殊，它与著作权中的财产权利保护期相同。

著作财产权的保护期规定如下：

1. 作者为公民的期限

保护期为作者终生及死亡后 50 年，截止于作者死亡后第 50 年的 12 月 31 日；如果是合作作品，截止于最后死亡的作者死亡后第 50 年的 12 月 31 日。

2. 作者为法人或其他组织的期限

保护期为 50 年，截止于作品首次发表后第 50 年的 12 月 31 日，但作品自创作完成后 50 年内未发表的，《著作权法》不再保护。

3. 特殊作品的期限

电影作品和以类似摄制电影的方法创作的作品及摄影作品，保护期为 50 年，截止于作品首次发表后第 50 年的 12 月 31 日，但作品自创作完成后 50 年内未发表的，《著作权法》不再保护。

作者身份不明的作品，使用权和获得报酬权的保护期为作品首次发表后 50 年。这里的作者"身份不明"，多指作品因以假名、笔名、化名或者未署名发表，难以确定作者、确定身份的情况。如在 50 年内确定了作者，则其著作权的保护期按所述之规定。

三、著作权侵权及其法律责任

(一) 著作权侵权行为

著作权侵权行为是指未经著作权人许可而侵犯他人著作权的行为。与著作权内涵相对应，著作权侵权包括对人身权和财产权的侵犯两个方面，主要包括以下类型：

(1) 未经著作权人许可，发表其作品的；

(2) 未经合作作者许可，将与他人合作创作的作品当作自己单独创作的作品发表的；

(3) 没有参加创作，为谋取个人名利，在他人作品上署名的；

(4) 歪曲、篡改他人作品的；

(5) 剽窃他人作品的；

(6) 未经著作权人许可，以展览、摄制电影和以类似摄制电影的方法使

用作品,或者以改编、翻译、注释等方式使用作品的,《著作权法》另有规定的除外;

(7) 使用他人作品,应当支付报酬而未支付的;

(8) 未经电影作品和以类似摄制电影的方法创作的作品、计算机软件、录音录像制品的著作权人或者与著作权有关的权利人许可,出租其作品或者录音录像制品的,《著作权法》另有规定的除外;

(9) 未经出版者许可,使用其出版的图书、期刊的版式设计的;

(10) 未经表演者许可,从现场直播或者公开传送其现场表演,或者录制其表演的;

(11) 其他侵犯著作权以及与著作权有关的权益的行为。

典型案例

由别人代为起草而以个人名义发表的会议讲话作品其著作权应归个人所有

《汉语大词典》主编罗竹风在中国语言学会成立大会上关于介绍《汉语大词典》编纂工作进展情况的发言稿,虽然是由《汉语大词典》编纂处工作人员四人分头执笔起草,但他们在起草时就明确是为罗竹风个人发言作准备的。罗竹风也是以主编身份组织、主持拟定发言提纲,并自行修改定稿,以其个人名义在大会上作发言。因此,罗竹风的发言稿不属于共同创作,其著作权不应归罗竹风与执笔人共同所有,而是罗竹风个人所有。罗竹风同意在其他刊物署名刊载发言稿全文,不构成侵害他人著作权,但执笔人在执笔起草发言稿中付出了劳动,罗竹风在获得稿酬后,应给予适当的劳务补偿。

——《最高人民法院关于由别人代为起草而以个人名义发表的会议讲话作品其著作权(版权)应归个人所有的批复》

(二) 著作权侵权法律责任

侵犯著作权的法律责任包括刑事责任、民事责任和行政责任等。

1. 刑事责任

（1）侵犯著作权罪。我国《刑法》第217条规定，以营利为目的，实施下列行为之一的构成侵犯著作权罪。一是未经著作权人许可，复制发行其文字作品、音乐、电影、电视、录像作品、计算机软件及其他作品的。二是出版他人享有专有出版权的图书的。三是未经录音录像制作者许可，复制发行其制作的录音录像的。四是制作、出售假冒他人署名的美术作品的。对于上述侵权行为，违法所得数额较大或其他严重情节的，处3年以下有期徒刑或拘役，并处或单处罚金。违法所得数额巨大的或有其他特别严重情节的，处3年以上7年以下有期徒刑并处罚金。

（2）销售侵权复制品罪。我国《刑法》第218条规定，以营利为目的，销售明知是《刑法》第217条规定的侵权复制品构成销售侵权复制品罪。违法所得数额巨大的，处3年以下有期徒刑或者拘役，并处或者单处罚金。

2. 民事责任

民事责任是指侵权行为人因实施侵权行为而应承担的民事法律后果。适用民事责任的侵犯著作权行为的构成要件包括：一是侵权行为使他人的合法权利和利益遭受损害；二是行为人的行为与损害事实之间存在因果关系，行为人的行为导致损害事实的发生；三是行为人实施侵权行为是由于过错；四是行为人必须具备民事行为能力。

民事责任形式包括：

（1）停止侵害。受害人可以要求人民法院责令侵权人立即停止正在进行的侵权行为。

（2）消除影响。侵权人应采取有效方式，说明事情真相，消除其侵权行为给著作权人带来的消极影响。

（3）赔礼道歉。侵权人应以可使公众了解的方式承认侵权，并向著作权人表示歉意。

（4）赔偿损失。赔偿损失又称损害赔偿，是指侵权人以自己的财产抵偿，弥补受害人的损失。对财产损害的赔偿，一般以实际损害包括直接损害和间接损害作为确定赔偿金额的标准。对于精神损害的赔偿，一般采取停止侵害、恢复名誉和有限的经济赔偿等方式。

3. 行政责任

《著作权法》第48条规定，有著作权侵权行为的，应当根据情况，承担停止侵害、消除影响、赔礼道歉、赔偿损失等民事责任；同时损害公共利益的，可以由著作权行政管理部门责令停止侵权行为，没收违法所得，没收、销毁侵权复制品，并可处以罚款；情节严重的，著作权行政管理部门还可以没收主要用于制作侵权复制品的材料、工具、设备等。

4. 著作权侵权的赔偿

侵犯著作权或者与著作权有关的权利的，侵权人应当按照权利人的实际损失给予赔偿；实际损失难以计算的，可以按照侵权人的违法所得给予赔偿。赔偿数额还应当包括权利人为制止侵权行为所支付的合理开支。权利人的实际损失或者侵权人的违法所得不能确定的，由人民法院根据侵权行为的情节，判决给予50万元以下的赔偿。

第三节　职务成果权益

职务成果是指单位工作人员为了完成本职工作或主要利用了本单位的物质技术条件所产生的智力成果，包括职务发明创造、职务作品、单位商业秘密等形式。

一、职务成果的特征

职务成果除具有智力成果的无形性、收益性、可复制性、许可使用性等基本特征外，在权益主体和权益分配方面具有自身的特点。职务成果的主体一般为单位，职务成果的主要权益也属于单位。但职务成果的人身权和部分财产权则可属于成果的完成人，如署名权、标识权、荣誉权、获得奖励权、报酬权，以及成果许可或转让后分成的权利、优先受让的权利等。

二、职务成果的确认

(一) 职务发明创造

《专利法》规定，执行本单位的任务或者主要利用了本单位的物质技术条件所完成的发明创造为职务发明创造。

1. 执行本单位的任务所作出的发明创造，可分为三种情况：

(1) 在本职工作中作出的发明创造，需确认是否是单位的职工，是否在本职工作范围内承担单位工作任务所完成的发明创造，其判断标准可参照工作人员的职务内容或责任范围。

(2) 履行本单位交付的本职工作之外的任务所作出的发明创造，即职工根据科研单位安排，承担的短期或临时性非本职工作而作出的发明创造。

(3) 退职、退休或者调动工作一年内作出的，与其在原单位承担的本职工作或者分配的任务有关的发明创造。

2. 主要利用本单位的物质技术条件所完成的发明创造

发明创造的完成人虽并不是在执行单位任务，但在发明创造的过程中，主要利用了单位的物质技术条件，与单位的物质技术帮助密不可分。若离开单位的物质技术帮助，就不可能完成该发明创造。其中，物质技术条件是指本单位的资金、设备、零部件、原材料或者不对外公开的技术资料。

(二) 职务作品

公民为完成法人或者其他组织工作任务所创作的作品是职务作品，著作权由作者享有，但法人或者其他组织有权在其业务范围内优先使用。作品完成两年内，未经单位同意，作者不得许可第三人以与单位使用的相同方式使用该作品。

这类职务作品主要有两个构成要件：一是作品的作者与单位之间有隶属关系；二是作品必须是履行单位工作任务的结果。所谓单位工作任务，是指职工本职工作或者单位下达的书面或者口头任务，创作与本单位工作业务范围有关的作品。

但有下列情形之一的职务作品,作者享有署名权,著作权的其他权利由法人或者其他组织享有,法人或者其他组织可以给予作者奖励:(1)主要是利用法人或者其他组织的物质技术条件创作,并由法人或者其他组织承担责任的工程设计图、产品设计图、地图、计算机软件等职务作品;(2)法律、行政法规规定或者合同约定著作权由法人或者其他组织享有的职务作品。

职务作品与法人作品存在区别。法人作品是指由法人或非法人单位主持,代表法人或非法人单位的意志创作,产生的责任由法人或非法人单位承担,并且由其署名的作品。

(三)单位商业秘密

商业秘密范围广泛,表现形式多样,是一种技术的和非技术的智力创造成果的综合,是一种特殊的知识产权。商业秘密的特征包括:一是不为公众所知悉;二是权利人已采取了必要的保密措施予以保护;三是具有实用性,能够制造或运用到生产中去,并具有实际的或潜在的经济价值,能为权利人带来实际利益。

单位商业秘密通常有两种情形:一是由单位自己组织研制开发的商业秘密;二是单位以其他合法手段掌握的商业秘密,包括公私合营、自然人投资入股、兼并、受让等方式获得。具体内容包括:一是单位所有的以非专利技术为主的技术信息,包括未申请专利的技术成果、未授予专利的技术成果和《专利法》规定的不授予专利权的技术成果等。生产工艺,产品配方,设计图纸,模型,能应用于实际的操作技巧、经验和试验数据,研究报告,计算机程序等,也属单位商业秘密。二是单位经营信息,包括销售方法、客户名单、货源资料、投资计划、广告策略、管理经验、财务账簿、价目表等。

 典型案例

职务发明创造发明人、设计人奖励和报酬纠纷[①]

2007年2月27日,北京某仪器公司与史先生签订劳动合同,合同期限自2007年2月27日至2010年2月27日。该合同第4条约定,史先生同意根据仪器公司工作需要,在开发部门担任研发岗位(工种)的工作。2010年2月24日,仪器公司与史先生签订劳动合同,合同期限自2010年2月27日至2013年2月26日,该合同第2条约定,史先生同意根据仪器公司生产(或工作)需要,在开发部门从事方法研发岗位(工种)的工作。2013年1月25日,仪器公司与史先生签订劳动合同,合同期限自2013年2月27日起至法定的解除或终止合同的条件出现止,该合同第2条约定,仪器公司聘用史先生从事研发类工作。

仪器公司曾先后于2007年5月24日和2013年1月25日与史先生签订保密协议,就史先生对仪器公司商业秘密的保密义务、职务发明创造和其他职务成果的知识产权归属作出了约定。

仪器公司于2008年9月2日至2015年9月8日期间,提出了8项专利申请。目前8项专利中有7项已经终止,仅名称为"移动式采样装置"的专利在有效期限内,发明人为史先生等三人。

2015年3月31日,史先生申请辞职。2015年4月1日,仪器公司同意史先生离职。史先生离职后向法院起诉仪器公司要求其支付报酬。

法院审理认为,史先生系涉案专利的发明人之一,其中两项为发明专利,其余六项为实用新型专利。依照《专利法实施细则》的相关规定,一件发明专利奖励不少于3 000元,一件实用新型专利奖励不少于1 000元。尽管以上奖励标准并不高,但以上奖励应当是对所有的发明人整体而言,不是每一个发明人均按照以上标准逐个奖励。本案中,史先生对涉案专利主张1.5万元

[①] 摘编自北京市高级人民法院民事判决书(2019)京民终352号,http://www.bjcourt.gov.cn/cpws/paperView.htm?id=100893826501&n=1

的奖励，由于涉案专利发明人在三人及三人以上，因此，史先生只能获得奖励的至多三分之一。即便按照每个专利3 000元的奖励，史先生的前述主张金额也超过了8项专利的总额2.4万元的三分之一。因此，从鼓励发明人的角度出发，对其主张的1.5万元奖励，支持其中的1万元，对其余部分不予支持。

史先生还主张报酬25万元，但仅仅提交了一份仪器公司的年检报告及中标公告以证明其主张。仪器公司则称，该公司的盈利并非仅仅依据涉案专利，涉案专利根本就未实施，中标公告显示中标金额为0元，且涉案专利目前已经有7项因无价值被放弃，故不同意其支付25万元报酬的请求。对此，史先生并未提交证据证明仪器公司因为涉案专利的实施获得了利润，且其提交的中标公告显示的中标金额为0元。而仪器公司提交的证据已经证明涉案专利有7项目前已经失效，不再享有专利权利。因此，对于史先生的该项主张不予支持。

一审法院依照《专利法》第6条，《专利法实施细则》第76条、77条、78条的规定，判决如下：（1）仪器公司于判决生效之日起10日内支付史先生涉案专利奖励金额1万元；（2）驳回史先生的其他诉讼请求。法院二审审理期间，各方当事人未提交新证据。法院对一审法院认定的事实予以确认。

法律连线

主要政策法规

1. 《专利法》
2. 《著作权法》
3. 《专利法实施细则》
4. 《著作权法实施条例》
5. 《促进科技成果转化法》

思考题

1. 专利权人的主要权利有哪些?
2. 如何理解专利侵权认定的相同原则和等同原则?
3. 专利侵权行为主要包括哪些形式?
4. 著作权人主要有哪些权利?
5. 著作权侵权的形式有哪些?

第五讲
职业发展权

学习目的

专业技术人员在职业发展过程中面临着人才评价、职务晋升、教育培训等情形,关系到职业发展的方向和前景。专业技术人员了解和掌握自身在职业发展过程中所享有的权利,有利于科学设计职业发展通道,充分发挥人才潜能,实现人力资源的可持续开发。通过本讲的学习,专业技术人员可了解与职业生涯密切相关的人才评价、职称评聘、继续教育等相关权利。

第一节 人才评价权

评价是通过一定的方式、标准和程序对专业技术人才能力和贡献予以承认的过程。专业技术人才的职业发展与各种各样的评价行为密切相关，评价的公正性对保障专业技术人才权益、激励专业技术人才成长意义重大。

一、人才评价及其功能

人才评价是指特定主体为了特定的目的对人才个体和群体的品质、能力、业绩和贡献等的评估，是由评价主体、评价目的、评价标准、评价规则、评价方式或方法等要素所构成的复杂的行为过程和管理体系。

人才评价在人才管理中具有独特的地位和功能。它不仅是人才管理全流程不可或缺的重要环节，而且融入其他环节或过程之中，成为人才识别、引进、培养、配置、激励等管理行为的有机组成部分；不仅是实现其他人才管理功能的手段或工具，而且从根本上决定了其他管理行为的价值或有效性，决定了管理战略和目标的实现程度。

人才评价在人才管理中的特殊功能特性来自人才评价所特有的指挥棒作用或价值引导作用。人才评价以人才战略或组织目标为核心，形成管理的价值评判准则，成为联系人才管理各要素、各环节的灵魂与纽带，引导人才管理的方向，影响人才管理的路径选择，塑造人才成长和创新的整体环境。

首先，人才评价影响人才培养的方向和结果。人才评价对人才培养的目标、方式和结果具有重要引导作用。

其次，人才评价决定了人才识别的准确性。随着人才强国战略的实施，我国各类人才引进计划、人才遴选项目、人才选拔培养工程和人才表彰奖励项目等，越来越依赖于人才评价的科学性和有效性。只有充分发挥人才评价的指挥棒作用，建立公平公正的人才评价体系和评价机制，才能根据实践需求、实践过程、实践结果识别和发现人才，提高人才识别的准确性和可靠性。

再次，人才评价决定了人才配置的效率。无论是市场用人主体对人才的使用，还是政府对人才资源的配置和调控，在人才配置上都离不开"择"而后"用"，离不开人才评价和选择的过程。通过科学有效的人才评价，才能真正做到适才适用、人岗相符、人事相应，提高人才资源配置的效率。

最后，人才评价决定了人才激励的有效性。人才激励是通过物质和精神手段对人的技能、行为、态度和贡献所作的承认和奖励，其目的是激发人才实现特定的社会目标或组织目标。人才激励以一定的价值导向为基础，为人才成长、创新提供动力。激励的有效性取决于激励行为与激励的价值目标的一致性，取决于对激励对象行为和结果的价值评判，这将人才评价与人才激励紧密地联系在一起。人才评价的价值引导性成为人才激励导向作用的基础。

二、人才评价的类型

在市场经济条件下，市场主体在人才评价中发挥着基础性作用。但在我国，政府对人才的评价仍具有主导性地位，并直接关系公共利益和人才的切身利益。从政府人才评价的公共需求出发，专业技术人才评价类型总体可划分为执业资格评价或职业准入评价、专业技术职务任职资格评价、职业水平评价和人才遴选评价等。

（一）执业资格评价

执业资格、职业准入也可称为职业许可、就业准入、作业资格或从业资格，是指为了特定的社会目的而对人才从事某种职业或专业技术工作的限制。公民只有通过一定的评价程序获取从业或执业资格，才能从事特定工作。职业准入实际是对公民就业权的限制，因此只能通过两种途径实行：一是自愿。公民可主动授权某一法定机构或组织对其从业资质进行考核，以获取职业保护、声誉或其他资源。二是强制。主要是国家为了保障公共安全、人民生命财产安全、人身健康、重大公共利益等，依据有关法律法规而采取的行政许可措施。在一些国家和地区，行业组织出于行业自律目的，可对其成员单位或个体会员采取强制性准入，但其基础是出于自愿，且不具有普遍的社会约束力。就业准入、作业资格、从业资格或执业资格属于职业许可范畴。

我国《行政许可法》第12条规定，提供公众服务并且直接关系公共利益的职业、行业，需要确定具备特殊信誉、特殊条件或者特殊技能等资格、资质的事项，可设置行政许可。我国《就业促进法》规定，国家对从事涉及公共安全、人身健康、生命财产安全等特殊工种的劳动者，实行职业资格证书制度。因此，在我国，职业准入或职业许可本质上是国家对社会职业的公共管理行为。

（二）专业技术职务任职资格评价

职务（岗位）任职资格评价是指用人单位在职务或岗位聘用、晋升过程中，根据岗位的任职条件和要求，对其工作人员业绩、资历、德才表现等进行的考核与评价，其评价结果是职务晋升和岗位聘任的主要依据。传统意义上的职称评聘，实际就是用人单位对其工作人员的评价和使用过程。

职称作为专业技术职务，其设置和聘用本质上是用人单位的内部管理行为，单位在聘用人员的过程中，可以承认和采用第三方的认证结果，也可以不予承认。理论上单位和个人可根据自身需要，对不同的认证机构进行选择。

（三）职业水平评价

职业水平评价或认证是指通过考核、考试、评审等方式，对公民职业能力、资历和水平进行测评和认定的行为，认证和评价机构可根据评价结果授予代表其能力水平的学衔、学术或技术称号。专业技术资格、职业技能鉴定等属于职业水平评价范畴。

在人力资源市场中，劳动者择业和单位用人都存在互不了解和信息不对称的问题，存在对职业水平、能力认证和评价的市场需求，即单位可通过第三方对劳动者的认证，有针对性地招录和使用经过认证的人才；劳动者可以凭权威机构的认证，更容易得到用人单位的认可，增加就业机会。职业水平认证有助于提高人力资源市场的效率，降低用人单位用人和个人求职的成本，提高其成功率。

职业水平评价本质上属于一种市场行为，不同的社会组织特别是专业组织，可以根据用人单位或个人的认证需求，提供认证服务，认证机构属于单位和个人之外的第三方，不应像职业准入一样实行强制认证。

(四) 人才遴选评价

人才遴选评价是在政府资助、奖励、人才引进和选拔过程中对科技人才进行评价，是政府对人才的微观、直接管理和评价行为。这种评价行为既可以是面向全社会的公共管理行为，也可以是面向公共机构内部的人事行政行为。按照一视同仁的原则，我国现有人才计划、项目的遴选对象和服务对象，已从传统体制下以体制内人才为主体，逐步开始向非公经济组织扩展。人才遴选评价作为具体行政行为，为特定的计划、项目、目的服务，如何规范人才遴选评价是科技人才评价机制面临的重大课题。

三、人才评价机制改革

由于人才评价对人才发展的重要作用，近年来，中共中央办公厅、国务院办公厅印发了《关于分类推进人才评价机制改革的指导意见》（以下简称《指导意见》）等一系列深化人才评价机制改革的政策文件，提出要以科学分类为基础，以激发人才创新创业活力为目的，加快形成导向明确、精准科学、规范有序、竞争择优的科学化、社会化、市场化人才评价机制，建立与中国特色社会主义制度相适应的人才评价制度。

(一) 分类健全人才评价标准

分类健全人才评价标准主要是实行人才的分类评价，以职业属性和岗位要求为基础，健全科学的人才分类评价体系。根据不同职业、不同岗位、不同层次人才特点和职责，坚持共通性与特殊性、水平业绩与发展潜力、定性与定量评价相结合，分类建立健全涵盖品德、知识、能力、业绩和贡献等要素，科学合理、各有侧重的人才评价标准。坚持凭能力、实绩、贡献评价人才，克服唯学历、唯资历、唯论文等倾向，注重考察各类人才的专业性、创新性和履责绩效、创新成果、实际贡献。

(二) 改进和创新人才评价方式

首先,创新多元评价方式。按照社会和业内认可的要求,建立以同行评价为基础的业内评价机制,注重引入市场评价和社会评价,发挥多元评价主体作用。基础研究人才以同行学术评价为主,加强国际同行评价。

其次,科学设置人才评价周期。遵循不同类型人才成长发展规律,科学合理设置评价考核周期,注重过程评价和结果评价、短期评价和长期评价相结合,克服评价考核过于频繁的倾向,鼓励持续研究和长期积累。

再次,畅通人才评价渠道。进一步打破户籍、地域、所有制、身份、人事关系等限制,依托具备条件的行业协会、专业学会、公共人才服务机构等,畅通非公有制经济组织、社会组织和新兴职业等领域人才申报评价渠道。对引进的海外高层次人才和急需紧缺人才,建立评价绿色通道。

最后,促进人才评价和项目评审、机构评估有机衔接。按照既出成果又出人才的要求,在各类工程项目、科技计划、机构平台等评审评估中加强人才评价,完善在重大科研、工程项目实施、急难险重工作中评价、识别人才机制。

知识链接

我国人才评价机制改革的基本原则

坚持党管人才原则。充分发挥党的思想政治优势、组织优势、密切联系群众优势,进一步加强党对人才评价工作的领导,将改革完善人才评价机制作为人才工作的重要内容,在全社会大兴识才爱才敬才用才容才聚才之风,把各方面优秀人才集聚到党和人民的伟大奋斗中来。

坚持服务发展。围绕经济社会发展和人才发展需求,充分发挥人才评价正向激励作用,推动多出人才、出好人才,最大限度激发和释放人才创新创业活力,促进人才发展与经济社会发展深度融合。

坚持科学公正。遵循人才成长规律,突出品德、能力和业绩评价导向,分类建立体现不同职业、不同岗位、不同层次人才特点的评价机制，科学客观公正评价人才，让各类人才价值得到充分尊重和体现。

坚持改革创新。围绕用好用活人才，着力破除思想障碍和制度藩篱，加快转变政府职能，保障落实用人主体自主权，发挥政府、市场、专业组织、用人单位等多元评价主体作用，营造有利于人才成长和发挥作用的评价制度环境。

——摘自中共中央办公厅、国务院办公厅《关于分类推进人才评价机制改革的指导意见》

(三) 健全完善人才评价管理服务制度

首先，保障和落实用人单位自主权。尊重用人单位主导作用，支持用人单位结合自身功能定位和发展方向评价人才，促进人才评价与培养、使用、激励等相衔接。合理界定和下放人才评价权限，推动具备条件的高校、科研院所、医院、文化机构、大型企业、国家实验室、新型研发机构及其他人才智力密集单位自主开展评价聘用（任）工作。防止人才评价行政化、"官本位"倾向，充分发挥学术委员会等作用。

其次，健全市场化、社会化的管理服务体系。进一步明确政府、市场、用人主体在人才评价中的职能定位，建立权责清晰、管理科学、协调高效的人才评价管理体制。推动人才管理部门转变职能、简政放权，积极培育发展各类人才评价社会组织和专业机构。

知识链接

科学探索奖

2018年11月9日，腾讯公益慈善基金会于腾讯公司成立20周年之际宣布，腾讯公司董事会主席兼首席执行官、腾讯基金会发起人马化腾，与北京大学教授饶毅，携手杨振宁、毛淑德、何华武、邬贺铨、李培根、陈十一、张益唐、施一公、高文、谢克昌、程泰宁、谢晓亮、潘建伟等科学家，共同发起设立"科学探索奖"。腾讯基金会将投入10亿元人民币的启动资金资助该奖项。

科学探索奖的资助范围将集中在数学物理学、生命科学、天文和地球科学、化学新材料、信息电子、能源环保、先进制造、交通建筑技术、前沿交叉技术九大基础科学和前沿核心技术领域。按照计划，科学探索奖评审委员会将在这些领域每年遴选出50名、年龄不超过45岁的中青年科学家。每位获奖者将连续5年、每年获得60万元资金。

最后，优化公平公正的评价环境，提高评价质量和公信力，维护人才合法权益。严格规范评价程序，强化人才评价综合治理，依法清理规范各类人才评价活动和发证、收费等事项，营造求真务实、鼓励创新、宽容失败的评价氛围和环境。

第二节　职称评聘权

职称评聘实际是专业技术职务任职资格的评价和岗位聘用过程，既是对专业技术人员学术地位和能力的评估，又影响专业技术人员工资、福利等各种物质待遇，在专业技术人员职业生涯中具有重要地位。职称制度是专业技术人才评价和管理的基本制度，对于党和政府团结凝聚专业技术人才，激励专业技术人才职业发展，加强专业技术人才队伍建设具有重要意义。

一、职称的内涵与性质

在我国，"职称"一词的使用范围相当广泛。大学讲师被评上副教授，小学教师被评上特级教师，农民被评为农艺师，某人考到律师资格，人们都会说他被评上了职称。但他们每个人所获得的"职称"的内涵却有根本的不同。

评上教授是指担任了副教授及以上职务，是指专业技术职务的晋升；被评上特级教师，是因教学成绩优异而获得的荣誉称号，类似劳动模范和先进工作者；考到律师资格是指通过资格考试而获得从事律师职业的法定资格；而农民被评为农艺师，是指经过能力评价和水平认证，说明他可以获得农艺师的证书或称号。

澄清职称的内涵，首先必须明确职称与学衔的区别，认识到职称本质是职务而非学衔。1986年2月，国务院《关于实行专业技术职务聘任制度的规定》明确规定，专业技术职务是根据实际工作需要设置的有明确职责、任职条件和任期，并需要具备专门的业务知识和技术水平才能担负的工作岗位，不同于一次获得后而终身拥有的学位、学衔等各种学术、技术称号。国家对职称进行结构比例控制，实行聘任制，享有领取工资报酬等待遇。

从这一规定可以看出，职称作为专业技术职务与学位、学衔的区别在于：

第一，职称即职务的名称，本质是国家在公共部门特别是事业单位（专业性公共服务机构）所设立的专业性、技术性岗位或职务；学衔是学术或技术称号，是个人专业和技术能力的标志。

第二，职称的关键在聘用，学衔的重点在评价。

第三，职称晋升的条件是客观的、外在的岗位需求，学衔的高低依据的是主观的、内在的能力和素质。

第四，职称须随岗位变动而变动；学衔则与学位、学历一样，一旦获得不可轻易剥夺。

第五，职称必须由单位自主聘用；学衔则可由其他专业组织授予，单位可不承认。

第六，担任某一职称，应承担一定的岗位职责；具有某种学衔则是一种荣誉，只需承担某种道德责任。

第七，担任某一职称，即从事某种工作，单位必须给予相应的工作条件和报酬；具备某种学衔，则可能与单位无关，单位无须给予待遇。

第八，职称作为岗位，有编制和职位的数量限制，即使资历、能力具备，也可不聘；学衔则具备条件、通过认证或考试等就可获得。

职称制度改革本质上是专业技术职务聘用制度改革，是国家对事业单位、国有企业和国家机关专业技术岗位设置、聘用、管理制度的改革，涉及专业技术岗位（职务）管理权限、岗位设置、等级划分、任职资格标准等多方面内容。

随着我国社会主义市场经济体制的建立和完善，职称制度的适用主体在实践中发生了延伸。2016年11月，中共中央办公厅、国务院办公厅印发了《关于深化职称制度改革的意见》（以下简称《意见》），提出要拓展职称评价人员范围，进一步打破户籍、地域、身份、档案、人事关系等制约，创造便利条件，畅通非公有制经济组织、社会组织、自由职业专业技术人才职称申报渠道，让科技、教育、医疗、文化等领域民办机构专业技术人才与公立机构专业技术人才在职称评审等方面享有平等待遇。

知识链接

清理规范职业资格的设置

职业资格必须在职业分类的基础上统一规划、规范设置。对涉及公共安全、人身健康、人民生命财产安全等特定职业（工种），国家依据有关法律、行政法规或国务院决定设置行政许可类职业资格；对社会通用性强、专业性强、技能要求高的职业（工种），根据经济社会发展需要，由国务院人事、劳动保障部门会同国务院有关主管部门制定职业标准，建立能力水平评价制度（非行政许可类职业资格）；对重复交叉设置的职业资格，逐步进行归并。对涉及在我国境内开展的境外各类职业资格相关活动，由国务院人事、劳动保障部门会同有关部门制订专门管理办法，报国务院批准。

凡是依据有关法律、行政法规或国务院决定设置的行政许可类职业资格，予以保留并向社会公布；除此以外的其他各种行政许可类职业资格予以取消，如确有必要保留，由国务院人事、劳动保障部门会同有关部门统筹研究，按程序通过修改相关法律、行政法规或形成国务院决定予以解决，或调整为非行政许可类职业资格。

凡经国务院人事、劳动保障部门会同有关部门批准设置的非行政许可类职业资格，要在清理规范的基础上确定保留的项目并向社会公布。其他各类非行政许可类职业资格都要分类进行清理：国务院其他部门、各直属机构、各直属事业单位及下属单位自行设置的要及时清理，确有必要的，经国务院人事、劳动保障部门会同有关部门审批后纳入国家统一管理，并向社会公布，其他的一律停止；全国性行业协会、学会等社会团体自行设置的应及时清理，确有必要的，经业务主管单位审核同意，报国务院人事、劳动保障部门会同有关部门审批后纳入国家统一管理，并向社会公布，其他的一律停止或调整为专业培训；地方各级人民政府及有关部门和单位原则上不得设置职业资格，已经设置且确有必要的，经国务院人事、劳动保障部门批准后作为职业资格工作试点，逐步纳入统一的职业资格管理，其他的应立即停止；各类企业不得自行开展冠以职业资格名称的相关活动。

——《国务院办公厅关于清理规范各类职业资格相关活动的通知》（2007年12月31日）

二、职称制度改革

《意见》提出，职称制度的改革应把握职业特点，以职业分类为基础，以科学评价为核心，以促进人才开发使用为目的，建立科学化、规范化、社会化的职称制度，为客观科学公正评价专业技术人才提供制度保障。通过深化职称制度改革，重点解决制度体系不够健全、评价标准不够科学、评价机制不够完善、管理服务不够规范配套等问题，使专业技术人才队伍结构更趋合理，能力素质不断提高，基本形成设置合理、评价科学、管理规范、运转协调、服务全面的职称制度。

（一）健全职称制度体系

健全职称制度体系主要包括完善职称系列、健全层级设置、促进职称制度与职业资格制度有效衔接等方面。

一是保持现有职称系列总体稳定。继续沿用工程、卫生、农业、经济、会计、统计、翻译、新闻出版广电、艺术、教师、科学研究等领域的职称系列,取消个别不适应经济社会发展的职称系列,整合职业属性相近的职称系列。适应经济社会发展新需求,探索在新兴职业领域增设职称系列。

二是健全层级设置。各职称系列均设置初级、中级、高级职称,其中高级职称分为正高级和副高级,初级职称分为助理级和员级,可根据需要仅设置助理级。目前未设置正高级职称的职称系列均设置到正高级,以拓展专业技术人才职业发展空间。

三是以职业分类为基础,统筹研究规划职称制度和职业资格制度框架。在职称与职业资格密切相关的职业领域建立职称与职业资格对应关系,专业技术人才取得职业资格即可认定其具备相应系列和层级的职称,并可作为申报高一级职称的条件。初级、中级职称实行全国统一考试的专业不再进行相应的职称评审或认定。

(二) 完善职称评价标准

完善职称评价标准应准遵循人才成长规律,以品德、能力、业绩为导向,创新评价方式,克服唯学历、唯资历、唯论文的倾向,科学客观公正评价专业技术人才,让专业技术人才有更多时间和精力深耕专业,让作出贡献的人才有成就感和获得感。

一是坚持德才兼备、以德为先。坚持把品德放在专业技术人才评价的首位,重点考察专业技术人才的职业道德。用人单位通过个人述职、考核测评、民意调查等方式全面考察专业技术人才的职业操守和从业行为,倡导科学精神,强化社会责任,坚守道德底线。

二是科学分类评价专业技术人才能力素质。以职业属性和岗位需求为基础,分系列修订职称评价标准,实行国家标准、地区标准和单位标准相结合,注重考察专业技术人才的专业性、技术性、实践性、创造性,突出对创新能力的评价。合理设置职称评审中的论文和科研成果条件,不将论文作为评价应用型人才的限制性条件。对在艰苦边远地区和基层一线工作的专业技术人才,淡化或不作论文要求;对实践性、操作性强,研究属性不明显的职称系列,可不作论文要求;探索以专利成果、项目报告、工作总结、工程方案、设计文件、教案、病历等成果形式替代论文要求;推行代表作制度,重点考察研究成果和创作作品质量,淡化论文数量要求。对职称外语和计算机应用能力考试不作统一要求。确实需要评价外语和计算机水平的,由用人单位或评审机构自主确定评审条件。对在艰苦边远地区和基层一线工作的专业技术人才,以及对外语和计算机水平要求不高的职称系列和岗位,不作职称外语和计算机应用能力要求。

三是突出评价专业技术人才的业绩水平和实际贡献。注重考核专业技术人才履行岗位职责的工作绩效、创新成果,增加技术创新、专利、成果转化、技术推广、标准制定、决策咨询、公共服务等评价指标的权重,将科研成果取得的经济效益和社会效益作为职称评审的重要内容。取得重大基础研究和前沿技术突破、解决重大工程技术难题、在经济社会各项事业发展中作出重大贡献的专业技术人才,可直接申报评审高级职称。对引进的海外高层次人才和急需紧缺人才,放宽资历、年限等条件限制,建立职称评审绿色通道。对长期在艰苦边远地区和基层一线工作的专业技术人才,侧重考察其实际工作业绩,适当放宽学历和任职年限要求。

(三) 丰富职称评价方式

建立以同行专家评审为基础的业内评价机制,注重引入市场评价和社会评价。基础研究人才评价以同行学术评价为主,应用研究和技术开发人才评价突出市场和社会评价,哲学社会科学研究人才评价重在同行认可和社会效益。对特殊人才通过特殊方式进行评价。鼓励有条件的地区单独建立基层专业技术人才职称评审委员会或评审组,单独评审。采用考试、评审、考评结合、考核认定、个人述职、面试答辩、实践操作、业绩展示等多种评价方式,提高职称评价的针对性和科学性。

(四) 推进职称评审社会化

对专业性强、社会通用范围广、标准化程度高的职称系列,以及不具备评审能力的单位,依托具备较强服务能力和水平的专业化人才服务机构、行业协会学会等社会组织，组建社会化评审机构进行职称评审。建立完善个人自主申报、业内公正评价、单位择优使用、政府指导监督的社会化评审机制，满足非公有制经济组织、社会组织以及新兴业态职称评价需求，服务产业结构优化升级和实体经济发展。

（五）促进职称评价与人才培养使用相结合

一是促进职称制度与人才培养制度的有效衔接。充分发挥职称制度对提高人才培养质量的导向作用，紧密结合专业技术领域人才需求和职业标准，在工程、卫生、经济、会计、统计、审计、教育、翻译、新闻出版广电等专业领域，逐步建立与职称制度相衔接的专业学位研究生培养制度，加快培育重点行业、重要领域专业技术人才；推进职称评审与专业技术人才继续教育制度相衔接，加快专业技术人才知识更新。

二是促进职称制度与用人制度的有效衔接。用人单位结合用人需求，根据职称评价结果合理使用专业技术人才，实现职称评价结果与各类专业技术人才聘用、考核、晋升等用人制度的衔接。对于全面实行岗位管理、专业技术人才学术技术水平与岗位职责密切相关的事业单位，一般应在岗位结构比例内开展职称评审。对于不实行岗位管理的单位，以及通用性强、广泛分布在各社会组织的职称系列和新兴职业，可采用评聘分开方式。坚持以用为本，深入分析职业属性、单位性质和岗位特点，合理确定评价与聘用的衔接关系，评以适用、以用促评。健全考核制度，加强聘后管理，在岗位聘用中实现人员能上能下。

（六）改进职称管理服务方式

进一步推进简政放权、放管结合、优化服务。政府部门在职称评价工作中要加强宏观管理，加强公共服务，加强事中事后监管，减少审批事项，减少微观管理，减少事务性工作。发挥用人主体在职称评审中的主导作用，科学界定、合理下放职称评审权限，人力资源社会保障部门对职称的整体数量、结构进行宏观调控，逐步将高级职称评审权下放到符合条件的市地或社会组织，推动高校、医院、科研院所、大型企业和其他人才智力密集的企事业单位按照管理权限自主开展职称评审。对于开展自主评审的单位，政府不再审批评审结果，改为事后备案管理。加强对自主评审工作的监管，对于不能正确行使评审权、不能确保评审质量的，将暂停自主评审工作直至收回评审权。

按照全覆盖、可及性、均等化的要求，打破地域、所有制、身份等限制，建立权利平等、条件平等、机会平等的职称评价服务平台，简化职称申报手续和审核环节。健全专业化的考试评价机构，建立职称评审考试信息化管理系统，开展职称证书查询验证服务。依法清理规范各类职称评审、考试、发证和收费事项，大力查处开设虚假网站、制作和贩卖假证等违纪违法行为，打击考试舞弊、假冒职称评审、扰乱职称评审秩序、侵害专业技术人才利益等违法行为。

三、专业技术岗位及等级设置

(一) 职务系列、职务名称和职务等级

1986年2月，国务院颁发《关于实行专业技术职务聘任制度的规定》，逐步统一了专业技术职务系列、名称和等级，规定专业技术职务系列由国务院有关部门根据需要提出，经中央职称改革领导小组审核后报国务院批准。其内容应包括职务的名称、档次（或等级）、适用范围、高中初级专业技术职务的合理结构比例、岗位职责、任职条件、任期、评审和聘任办法、审批权限等。

1990年11月，人事部印发的《企事业单位评聘专业技术职务若干问题暂行规定》要求，各地区、各部门要切实按照有关规定，严格控制评聘范围，不得自行设置和任意选用专业技术职务系列。

为落实国有企业经营自主权，1993年12月，国务院职称改革领导小组印发关于职称改革工作中有关问题的通知，提出按照《全民所有制工业企业转换经营机制条例》规定，企业在转换经营机制过程中应坚持对专业管理人员和技术人员实行聘任制、考核制。企业有权按照生产经营和技术工作的需要，自主设置本企业有效的专业技术职务，按照专业技术人员履行岗位职责的能力和工作态度择优聘任。各级人事（职改）部门不再对企业的专业技术职务进行职数或结构比例控制。企业内部有效的专业技术职务不等同于经国家统一评定或统一考试取得的专业技术资格。

（二）专业技术岗位设置管理

2006年7月，人事部发布《事业单位岗位设置管理试行办法》，设置了新的专业技术岗位等级，实际是对专业技术职务等级的细化，有利于专业技术人员职业生涯的发展和规划，并使专业技术人员能够随着服务年限的增加和工作业绩的积累，不断获得提升和激励。事业单位岗位设置改革后，统一将专业技术岗位分为13个等级，高级岗位分7个等级，即1至7级；中级岗位分3个等级，即8至10级；初级岗位分3个等级，即11至13级。

由于事业单位主要依靠财政拨款或依靠行政事业收费开展公共服务，国家应对其岗位数量实行必要的控制，其方法包括直接下达指标、实行结构比例控制、实行经费总额控制等。

《关于实行专业技术职务聘任制度的规定》提出，专业技术职务的数量在国家规定的编制范围内有一定的限额，不同类别的单位和专业技术职务在不同档次之间应各有合理的结构比例。

事业单位要按照科学合理、精简效能的原则进行岗位设置，坚持按需设岗、竞聘上岗、按岗聘用、合同管理。国家对事业单位岗位设置实行宏观调控，分类指导，分级管理，确定事业单位通用的岗位类别和等级，根据事业单位的功能、规格、规模以及隶属关系等情况，对岗位实行总量、结构比例和最高等级控制。

岗位设置和晋升的灵活性是提高单位管理效率和进行人才激励的重要手段，国家对事业单位岗位总量和结构比例的控制，在一定程度上影响了事业单位用人自主权的落实，是导致事业单位用人机制不活的原因之一，也是世界各国公共部门人事管理存在的难以解决的基本矛盾。在人事制度改革中，国家可采取预算总额控制的方式对事业单位人工成本等进行监控，以减少对其岗位数量、比例的直接审核和干预。

四、职称评审

职称评审是按照评审标准和程序,对专业技术人才品德、能力、业绩的评议和认定。职称评审是专业技术职务聘任制度中的重要环节,包括评审组织、评审程序、评审要求等项内容。职称评审结果是专业技术人才聘用、考核、晋升等的重要依据。2019年7月,人力资源社会保障部印发《职称评审管理暂行规定》(以下简称《规定》),对职称评审的管理体制、评审标准、评审委员会、申报审核、组织评审、评审服务、监督管理等进行了规范。

(一)评审管理体制

职称评审管理的主体包括不同层级的政府人力资源社会保障主管部门和行业主管部门。《规定》提出,国务院人力资源社会保障行政部门负责全国的职称评审统筹规划和综合管理工作。县级以上地方各级人力资源社会保障行政部门负责本地区职称评审综合管理和组织实施工作。行业主管部门在各自职责范围内负责本行业的职称评审管理和实施工作。

(二)职称评审标准

与管理体制相适应,职称评审标准分为国家标准、地区标准和单位标准。各职称系列国家标准由国务院人力资源社会保障行政部门会同行业主管部门制定。地区标准由各地区人力资源社会保障行政部门会同行业主管部门依据国家标准,结合本地区实际制定。单位标准由具有职称评审权的用人单位依据国家标准、地区标准,结合本单位实际制定。地区标准、单位标准不得低于国家标准。

(三)职称评审委员会

《规定》要求,各地区、各部门以及用人单位等按照规定开展职称评审,应当申请组建职称评审委员会。职称评审委员会负责评议、认定专业技术人才学术技术水平和专业能力,对组建单位负责,受组建单位监督。职称评审委员会按照职称系列或者专业组建,不得跨系列组建综合性职称评审委员会。

职称评审委员会分为高级、中级、初级职称评审委员会。

国家对职称评审委员会实行核准备案管理制度。国务院各部门、中央企业、全国性行业协会学会、人才交流服务机构等组建的高级职称评审委员会由国务院人力资源社会保障行政部门核准备案；各地区组建的高级职称评审委员会由省级人力资源社会保障行政部门核准备案；其他用人单位组建的高级职称评审委员会按照职称评审管理权限由省级以上人力资源社会保障行政部门核准备案。申请组建中级、初级职称评审委员会的条件以及核准备案的具体办法，按照职称评审管理权限由国务院各部门、省级人力资源社会保障行政部门以及具有职称评审权的用人单位制定。

职称评审委员会组成人员应当是单数，根据工作需要设主任委员和副主任委员。按照职称系列组建的高级职称评审委员会评审专家不少于25人，按照专业组建的高级职称评审委员会评审专家不少于11人。各地区组建的高级职称评审委员会的人数，经省级人力资源社会保障行政部门同意，可以适当调整。

（四）申报审核

《规定》提出，申报职称评审的人员（以下简称申报人）应当为本单位在职的专业技术人才，离退休人员不得申报参加职称评审。事业单位工作人员受到记过以上处分的，在受处分期间不得申报参加职称评审。

申报人一般应当按照职称层级逐级申报职称评审。取得重大基础研究和前沿技术突破、解决重大工程技术难题，在经济社会各项事业发展中作出重大贡献的专业技术人才，可以直接申报高级职称评审。对引进的海外高层次人才和急需紧缺人才，可以合理放宽资历、年限等条件限制。对长期在艰苦边远地区和基层一线工作的专业技术人才，侧重考查其实际工作业绩，适当放宽学历和任职年限要求。

申报人应当在规定期限内提交申报材料，对其申报材料的真实性负责，其所在工作单位应当对申报材料进行审核，并在单位内部进行公示，公示期不少于5个工作日，对经公示无异议的，按照职称评审管理权限逐级上报。

非公有制经济组织的专业技术人才申报职称评审，可以由所在工作单位或者人事代理机构等履行审核、公示、推荐等程序。自由职业者申报职称评审，可以由人事代理机构等履行审核、公示、推荐等程序。

(五) 组织评审

职称评审的组织、审议程序、专家行为对评审的公正性至关重要。《规定》对评审专家参会人数、会议管理、保密和回避、公示和投诉等进行了全面规范，有助于切实维护专业技术人员的权利。

《规定》要求，职称评审委员会由组建单位组织召开评审会议。评审会议由主任委员或者副主任委员主持，出席评审会议的专家人数应当不少于职称评审委员会人数的2/3。职称评审委员会经过评议，采取少数服从多数的原则，通过无记名投票表决，同意票数达到出席评审会议的评审专家总数2/3以上的即为评审通过。未出席评审会议的评审专家不得委托他人投票或者补充投票。

根据评审工作需要，职称评审委员会可以按照学科或者专业组成若干评议组，每个评议组评审专家不少于3人，负责对申报人提出书面评议意见；也可以不设评议组，由职称评审委员会3名以上评审专家按照分工，提出评议意见。评议组或者分工负责评议的专家在评审会议上介绍评议情况，作为职称评审委员会评议表决的参考。

评审会议结束时，由主任委员或者主持评审会议的副主任委员宣布投票结果，并对评审结果签字确认，加盖职称评审委员会印章。评审会议应当做好会议记录，内容包括出席评委、评审对象、评议意见、投票结果等内容，会议记录归档管理。

评审会议实行封闭管理，评审专家名单一般不对外公布。评审专家和职称评审办事机构工作人员在评审工作保密期内不得对外泄露评审内容，不得私自接收评审材料，不得利用职务之便谋取不正当利益。评审专家与评审工作有利害关系或者其他关系可能影响客观公正的，应当申请回避。职称评审办事机构发现上述情形的，应当通知评审专家回避。

职称评审委员会组建单位对评审结果进行公示，公示期不少于 5 个工作日。经公示无异议的评审通过人员，按照规定由人力资源社会保障行政部门或者职称评审委员会组建单位确认。具有职称评审权的用人单位，其经公示无异议的评审通过人员，按照规定由职称评审委员会核准部门备案。申报人对涉及本人的评审结果不服的，可以按照有关规定申请复查、进行投诉。

专业技术人才跨区域、跨单位流动时，其职称按照职称评审管理权限重新评审或者确认。

（六）评审服务

《规定》要求，职称评审委员会组建单位应当建立职称评价服务平台，提供便捷化服务，推广在线评审，逐步实现网上受理、网上办理、网上反馈。人力资源社会保障行政部门在保障信息安全和个人隐私的前提下，逐步开放职称信息查询验证服务，积极探索实行职称评审电子证书。电子证书与纸质证书具有同等效力。

（七）监督管理

《规定》提出，人力资源社会保障行政部门和行业主管部门应当加强对职称评审工作的监督检查。被检查的单位、相关机构和个人应当如实提供与职称评审有关的资料，不得拒绝检查或者谎报、瞒报。主管行政部门可通过质询、约谈、现场观摩、查阅资料等形式，对各级职称评审委员会及其组建单位开展的评审工作进行抽查、巡查，依据有关问题线索进行倒查、复查，依法查处假冒职称评审、制作和销售假证等违法行为。职称评审委员会组建单位应当依法执行物价、财政部门核准的收费标准，自觉接受监督和审计。

第三节　继续教育权

继续教育权是指专业技术人员在职期间补充、更新、拓展知识，不断提高专业技术能力和水平的权利。专业技术人员有接受继续教育的权利和义务。国家和用人单位有实现、促进和保障专业技术人员继续教育权的重要责任。

一、继续教育权的国家保障

当今时代是知识信息迅速更新、科技进步突飞猛进的时代,加强继续教育,不断提高专业技术人员的综合素质、改善知识结构、增强创新能力,不仅是专业技术人员适应不断变化的竞争环境、提高自身职业能力的需要,也是增强人才国际竞争力、促进科技进步和经济社会发展的必然要求;不仅是专业技术人员个人的义务,也是国家和用人单位的责任。在专业技术人员继续教育方面,国家负有重要职责,包括应为继续教育提供法治保障,加强对继续教育的管理和监督,完善继续教育公共服务体系等。

(一)法治保障

国家应通过立法保障专业技术人员的继续教育权利,完善继续教育制度和体系,明确个人、单位和政府在继续教育中的职责和任务。

目前,我国《教师法》《科学技术进步法》《执业医师法》等法律法规分别就教师、科技人员和执业医师的继续教育权利进行了原则规定。《教师法》规定,教育行政部门、学校主管部门和学校应当制定教师培训规划,对教师进行多种形式的思想政治和业务培训。《科学技术进步法》规定,各级人民政府和企业、事业组织应当保障科学技术人员接受继续教育的权利。《执业医师法》规定,县级以上人民政府卫生行政部门应当制订医师培训计划,对医师进行多种形式的培训,为医师接受继续医学教育提供条件,卫生行政部门应当采取有力措施,对在农村和少数民族地区从事医疗、预防、保健业务的医务人员实施培训,医疗、预防、保健机构应当按照规定和计划保证本机构医师的培训和继续医学教育。

(二)公共管理

政府应加强专业技术人员继续教育的公共管理,减少和约束政府强制的培训行为,为继续教育提供公平、有序的社会环境。

在公共管理方面,政府的主要职责应包括:(1)加强对培训机构的监管,禁止政府部门和任何第三方机构(用人单位和个人之外的机构)强制实施有偿培训、强制发行教材和参考资料，明确其违法责任；对教学管理混乱、培训质量不高、考核质量低劣、截留挪用培训经费的培训机构等进行处罚。（2）对用人单位不履行法定培训义务进行监管，按《行政处罚法》明确处罚措施。（3）对政府及其工作人员不能依法、公平分配培训资源进行监督、处分。（4）依法进行继续教育登记，明确登记标准，禁止借机干预单位和个人权利。在培训学时登记方面，单位内部培训应计为有效培训时间；个人自主参加的业余和脱产培训应计入培训时间。法定最短培训时间的义务主体应为用人单位，用人单位不能按法定时间提供培训的，应承担违法责任，并赔偿由此带来的个人损失；在聘用合同文本中应加入法定学时的内容。

2015年8月，人力资源社会保障部印发《专业技术人员继续教育规定》，提出继续教育工作实行统筹规划、分级负责、分类指导的管理体制。人力资源社会保障部负责对全国专业技术人员继续教育工作进行综合管理和统筹协调，制定继续教育政策，编制继续教育规划并组织实施。县级以上地方人力资源社会保障行政部门负责对本地区专业技术人员继续教育工作进行综合管理和组织实施。行业主管部门在各自职责范围内依法做好本行业继续教育的规划、管理和实施工作。人力资源社会保障行政部门应当依法对用人单位、继续教育机构执行《专业技术人员继续教育规定》的情况进行监督检查。建立继续教育统计制度，对继续教育人数、时间、经费等基本情况进行常规统计和随机统计，建立专业技术人员继续教育情况数据库，可直接或者委托第三方评估机构对继续教育效果实施评估，评估结果作为政府有关项目支持的重要参考。

（三）公共服务

促进专业技术人员的继续教育，政府应加强和改善相应的公共服务：（1）政府应根据国家经济和社会发展规划等，有计划地组织重点和急需培训。如《专业技术人员继续教育规定》提出，国家可通过实施重大人才工程和继续教育项目、区域人才特殊培养项目、对口支援等方式，对重点领域、特殊区域和关键岗位的专业技术人员继续教育工作给予扶持。（2）政府可根据法定和公正程序委托、资助社会组织进行符合政府要求的培训，但应给予经费保障，不得收费或按资助比例减免费用。（3）政府可对符合国家倡导的公益目的的用人单位提供培训经费资助、设施支持与减免税优惠，如帮助残疾人、军转干部、高校毕业大学生就业等方面，以及对社会公益活动中做出贡献的单位给予支持，但应明确细则和标准。（4）政府可对特殊专业技术人员群体按公平原则给予直接培训和经费资助，如有突出贡献的、在聘用制改革中未聘和失业的人员等。（5）政府应提高对公共部门的继续教育投入。

《专业技术人员继续教育规定》提出，人力资源社会保障行政部门会同有关行业主管部门和行业组织，建立健全继续教育公共服务体系，搭建继续教育公共信息综合服务平台，发布继续教育公需科目指南和专业科目指南。根据专业技术人员不同岗位、类别和层次，加强课程和教材体系建设，推荐优秀课程和优秀教材，促进优质资源共享。

人力资源社会保障行政部门和有关行业主管部门直接举办继续教育活动的，应当突出公益性，不得收取费用，人力资源社会保障行政部门和有关行业主管部门委托继续教育机构举办继续教育活动的，应当依法通过招标等方式选择，与继续教育机构签订政府采购合同，明确双方权利和义务。

（四）转变政府职能

一些政府部门将继续教育和公共管理、公共服务职能集于一身，导致政府对单位培训干预较多，一定程度上侵犯了用人单位特别是非国有单位及其职工的权益，政府应转变职能，强化服务，促进继续教育的健康发展。

二、继续教育的内容和方式

《专业技术人员继续教育规定》提出，继续教育内容包括公需科目和专业科目。公需科目包括专业技术人员应当普遍掌握的法律法规、理论政策、职业道德、技术信息等基本知识；专业科目包括专业技术人员从事专业工作应当掌握的新理论、新知识、新技术、新方法等专业知识。

专业技术人员参加继续教育的时间每年累计应不少于90学时，其中，专业科目一般不少于总学时的 2/3。专业技术人员通过下列方式参加继续教育的，计入本人当年继续教育学时：参加培训班、研修班或者进修班学习；参加相关的继续教育实践活动；参加远程教育；参加学术会议、学术讲座、学术访问活动等。继续教育方式和学时的具体认定办法，由省、自治区、直辖市人力资源社会保障行政部门制定。

三、继续教育权的单位保障

用人单位应当保障专业技术人员参加继续教育的权利。用人单位是专业技术人员继续教育的直接责任主体，单位应按照教育、考核、使用相结合的原则，建立继续教育各项制度。在继续教育方面，对专业技术人员和其他劳动者，用人单位主要负有经费、待遇和时间保障等三个方面的基本义务。(1) 用人单位应切实保证职工教育培训经费足额提取及合理使用；(2) 用人单位对经批准参加脱产培训半年以内的职工，应发放基本工资、奖金及相关福利待遇（双方另有约定的可除外）；(3) 用人单位应按照培训合同的规定，保证职工的学习时间，在规定的专业技术人员职务晋升时限内，提供法定的最短培训时间，创造必要的学习条件，发挥所学专长。

《专业技术人员继续教育规定》提出，用人单位可结合本单位发展战略和岗位要求，组织开展继续教育活动或者参加本行业组织的继续教育活动，为本单位专业技术人员参加继续教育提供便利。

专业技术人员根据岗位要求和职业发展需要，参加本单位组织的继续教育活动，也可以利用业余时间或者经用人单位同意利用工作时间，参加本单位组织之外的继续教育活动。专业技术人员按照有关法律法规规定从事有职业资格要求工作的，用人单位应当为其参加继续教育活动提供保障。

专业技术人员经用人单位同意，脱产或者半脱产参加继续教育活动的，用人单位应当按照国家有关规定或者与劳动者的约定，支付工资、福利等待遇。用人单位安排专业技术人员在工作时间之外参加继续教育活动的，双方应当约定费用分担方式和相关待遇。用人单位可以与生产、教学、科研等单位联合开展继续教育活动,建立生产、教学、科研以及项目、资金、人才相结合的继续教育模式。

用人单位应当建立本单位专业技术人员继续教育与使用、晋升相衔接的激励机制,把专业技术人员参加继续教育情况作为专业技术人员考核评价、岗位聘用的重要依据。同时,用人单位应当建立继续教育登记管理制度,对专业技术人员参加继续教育的种类、内容、时间和考试考核结果等情况进行记录。

四、继续教育培训机构

《专业技术人员继续教育规定》指出,依法成立的高等院校、科研院所、大型企业的培训机构等各类教育培训机构,可以面向专业技术人员提供继续教育服务。继续教育机构应当具备与继续教育目的、任务相适应的场所、设施、教材和人员,建立健全相应的组织机构和管理制度,认真实施继续教育教学计划,向社会公开继续教育的范围、内容、收费项目及标准等情况,建立教学档案,根据考试考核结果如实出具专业技术人员参加继续教育的证明。

继续教育机构可以充分利用现代信息技术开展远程教育,形成开放式的继续教育网络,为基层、一线专业技术人员更新知识结构、提高能力素质提供便捷高效的服务。

继续教育机构应当按照专兼职结合的原则,聘请具有丰富实践经验、理论水平高的业务骨干和专家学者,建设继续教育师资队伍。

人力资源社会保障部按照国家有关规定遴选培训质量高、社会效益好、在继续教育方面起引领和示范作用的继续教育机构,建设国家级专业技术人员继续教育基地。县级以上地方人力资源社会保障行政部门和有关行业主管部门可以结合实际,建设区域性、行业性专业技术人员继续教育基地。

五、专业技术人员继续教育的权利和义务

专业技术人员是接受继续教育的主体,也应承担相应的义务。主要包括:专业技术人员参加继续教育情况应当作为聘任专业技术职务或者申报评定上

一级资格的重要条件。有关法律法规规定专业技术人员参加继续教育作为职业资格登记或者注册的必要条件的，从其规定。

在国家和单位提供时间和其他条件的情况下，专业技术人员应接受培训，完成法定培训学时，遵守继续教育的有关规定，服从所在单位的安排，接受检查考核。

在接受继续教育后，专业技术人员有义务更好地为本单位服务，并有义务向本单位其他职工传授所学的知识和技能。参加由单位承担培训经费，进行脱产、半脱产培训的专业技术人员，应与单位签订培训合同。培训合同应明确培训目标、内容、形式、期限、双方的权利和义务以及违约责任。

专业技术人员应履行培训合同规定的各项义务，否则应当承担违约责任。由单位出资进行继续教育培训的，在专业技术人员提出与单位解除聘用关系时，已签订培训合同的按培训合同执行，未签订培训合同的按聘用合同执行。因培训费用发生争议的，按国家有关人事、劳动争议处理。

法律连线

主要政策法规

1. 《关于分类推进人才评价机制改革的指导意见》
2. 《关于深化职称制度改革的意见》
3. 《专业技术人员继续教育规定》

思考题

1. 职业资格制度和职称制度的区别和联系是什么？
2. 如何认识职称的内涵和性质？
3. 职称晋升中如何处理好评审和聘用的关系？政府主管部门和事业单位在职称评聘中的权力和责任应如何确定？
4. 职称评审条件和标准应如何确定？
5. 如何认识国家和单位在专业技术人员继续教育中的责任？

第六讲
职业安全权

学习目的

通过本讲的学习,专业技术人员应了解和掌握以下内容:职业安全和卫生保障的含义;《劳动法》和相关法规规定的国家、用人单位和个人在职业安全卫生方面所承担的基本责任;《安全生产法》赋予职工安全生产的权利;《职业病防治法》规定的劳动者职业卫生保护的权利;女职工等特殊群体权益保护的专门政策和措施。

第一节 职业安全制度

职业安全涉及专业技术人员和其他劳动者人身健康和生命安全,是权益保障的基本要求和重要内容。我国先后颁布了《安全生产法》《职业病防治法》《放射工作人员职业健康管理办法》《企业职工伤亡事故报告和处理规定》《国家职业卫生标准管理办法》《职业病范围和职业病患者处理办法的规定》《工伤保险条例》等涉及职业安全和卫生的法律法规,发布了包括基础标准、产品标准、方法标准和工作场所卫生标准在内的职业安全卫生标准。

一、职业安全和卫生的含义

职业安全和卫生是指专业技术人员在职业活动过程中的安全健康保障。我国《职业安全卫生术语(GB/T15236—2008)》提出,职业安全卫生是以保障职工在职业活动过程中的安全与健康为目的的工作领域及在法律、技术、设备、组织制度和教育等方面所采取的相应措施。

根据《职业安全和卫生及工作环境公约》(以下简称《职业安全和卫生公约》),职业安全和卫生的适用对象包括所有工作单位、工作场所和工作人员。与工作有关的"健康"一词,不仅指没有疾病或体弱,也包括与工作安全和卫生直接有关的影响健康的身心因素,即包括生理和精神疾病。

二、职业安全和卫生保护的国家责任

国家在职业安全和卫生保护方面负有重要责任,主要是制定、实施和定期审查有关职业安全、职业卫生及工作环境的国家政策,目的是在合理可行的范围内,把工作环境中存在的危险因素减少到最低限度,以预防来源于工作、与工作有关或在工作过程中发生的事故和对健康的危害。如制定和实施职业安全卫生领域的法律法规，对违反法律法规的行为予以适当惩处，并采取措施提供指导。

（一）设施设备安全保护

国家根据危险的性质和程度，确定企业设计、建设和布局的条件，工作中所用技术设备的安全程序和标准。按照国家法律和惯例采取措施，在合理可行的范围内，对机器、设备或物质等进行检查，避免在正常使用的情况下，对人的安全和健康带来危险；提供有关正确安装、使用机器和设备以及正确使用各类物质的信息，特别是危险性能的信息，并对如何避免已知危险进行指导；凡职工有正当理由认为可能出现对其生命或健康有紧迫、严重危险而撤离时，应保护其免遭不当的处理。

（二）材料安全保护

国家确定哪些工作程序及物质和制剂应予禁止或限制向人暴露，或应予批准或监督；引进借鉴各种管理制度，以审查化学、物理和生物制剂对职工健康的危险。

（三）事故和职业病检查

国家建立伤亡事故和职业病统计报告和处理制度。县级以上各级政府人力资源管理等有关部门和用人单位应当依法对劳动者在劳动过程中发生的伤亡事故和劳动者的职业病状况，进行统计、报告和处理。其内容包括：建立和实施由用人单位、保险机构或任何其他直接有关机构通报工伤事故和职业病的程序，并对工伤事故和职业病实行年度统计；对发生于工作过程中或与工作有关的工伤事故、职业病或其他一切对健康有损害的情况进行调查；每年公布政策措施实行情况及在工作过程中发生或与工作有关的工伤事故、职业病和对健康的其他损害的情况。

（四）安全卫生培训

国家应采取措施，以适合本国情况和惯例的方式，鼓励将职业安全和卫生及工作环境问题列入各级教育和培训，包括高等技术、医学和专业的教育，以满足所有职工培训的需要。

三、职业安全和卫生制度

我国《劳动法》和相关法律法规确定了国家、用人单位和个人在职业安全卫生方面所承担的基本责任和相关制度。

用人单位应建立健全劳动安全卫生制度，严格执行国家劳动安全卫生规程和标准，对劳动者进行劳动安全卫生教育，防止劳动过程中的事故，减少职业危害等。用人单位的劳动安全卫生设施必须符合国家规定的标准。用人单位新建、改建、扩建工程的劳动安全卫生设施必须与主体工程同时设计、同时施工、同时投入生产和使用。用人单位必须为劳动者提供符合国家规定的劳动安全卫生条件和必要的劳动防护用品，对从事有职业危害作业的劳动者应当定期进行健康检查。

劳动者在劳动过程中必须严格遵守安全操作规程。从事特种作业的劳动者必须经过专门培训并取得特种作业资格。劳动者对用人单位管理人员违章指挥、强令冒险作业，有权拒绝执行；对危害生命安全和身体健康的行为，有权提出批评、检举和控告。

四、安全生产

《安全生产法》指出应坚持安全第一、预防为主、综合治理的方针，加强安全生产管理，并规定了生产经营活动的单位从业人员的安全生产权利义务。

（一）知情权

从业人员有权了解其作业场所和工作岗位存在的危险因素、防范措施及事故应急措施。生产经营单位与从业人员订立的劳动合同，应当载明有关保障从业人员劳动安全、防止职业危害的事项，以及依法为从业人员办理工伤社会保险的事项。生产经营单位不得以任何形式与从业人员订立协议，免除或者减轻其对从业人员因生产安全事故伤亡依法应承担的责任。

（二）批评建议权

从业人员有权对本单位的安全生产工作提出建议，有权对本单位安全生产工作中存在的问题提出批评、检举、控告。生产经营单位不得因从业人员对本单位安全生产工作提出批评、检举、控告而降低其工资、福利等待遇或者解除与其订立的劳动合同。

（三）紧急情况处置权

从业人员有权拒绝违章指挥和强令冒险作业，在发现直接危及人身安全的紧急情况时，有权停止作业或者在采取可能的应急措施后撤离作业场所。生产经营单位不得因此而降低其工资、福利等待遇或者解除与其订立的劳动合同。

（四）要求赔偿权

因生产安全事故受到损害的从业人员，除依法享有工伤社会保险外，依照有关民事法律尚有获得赔偿的权利的，有权向本单位提出赔偿要求。

（五）从业人员的义务

从业人员应当接受安全生产教育和培训，掌握本职工作所需的安全生产知识，提高安全生产技能，增强事故预防和应急处理能力。在作业过程中，应当严格遵守本单位的安全生产规章制度和操作规程，服从管理，正确佩戴和使用劳动防护用品。从业人员发现事故隐患或者其他不安全因素，应当立即向现场安全生产管理人员或者本单位负责人报告，接到报告的人员应当及时予以处理。

第二节 职业卫生保障

2001年10月，全国人民代表大会常务委员会通过《职业病防治法》，并于2002年5月1日起实施，后经多次修订，以预防、控制和消除职业病危害，防治职业病，保护劳动者健康及其相关权益。

一、职业卫生保护权利

《职业病防治法》规定，劳动者依法享有职业卫生保护的权利。用人单位应当为劳动者创造符合国家职业卫生标准和卫生要求的工作环境和条件，并采取措施保障劳动者获得职业卫生保护，对本单位产生的职业病危害承担责任。

劳动者的职业卫生保护权利包括：(1) 获得职业卫生教育、培训；(2) 获得职业健康检查、职业病诊疗、康复等职业病防治服务；(3) 了解工作场所产生或者可能产生的职业病危害因素、危害后果和应当采取的职业病防护措施；(4) 要求用人单位提供符合防治职业病要求的职业病防护设施和个人使用的职业病防护用品，改善工作条件；(5) 对违反职业病防治法律法规以及危及生命健康的行为提出批评、检举和控告；(6) 拒绝违章指挥和强令进行没有职业病防护措施的作业；(7) 参与用人单位职业卫生工作的民主管理，对职业病防治工作提出意见和建议。

因劳动者依法行使正当权利而降低其工资、福利等待遇或者解除、终止与其订立的劳动合同的，其行为无效。

二、国家职业卫生标准

2002年3月，卫生部根据《职业病防治法》，发布了《国家职业卫生标准管理办法》，规定国家职业卫生标准分为强制性标准和推荐性标准。强制性标准分为全文强制和条文强制两种形式。标准的全部技术内容需要强制时，为全文强制形式；标准中部分技术内容需要强制时，为条文强制形式。

国家职业卫生标准包括以下需要在全国范围内统一的技术要求：(1) 职业卫生专业基础标准；(2) 工作场所作业条件卫生标准；(3) 工业毒物、生产性粉尘、物理因素职业接触限值；(4) 职业病诊断标准；(5) 职业照射放射防护标准；(6) 职业防护用品卫生标准；(7) 职业危害防护导则；(8) 劳动生理卫生、工效学标准；(9) 职业性危害因素检测、检验方法。其中，

(2) 至 (6) 项属于强制性标准，其他标准为推荐性标准。

三、职业病防治

职业病防治是职业卫生工作的重要环节。根据《职业病防治法》，职业病是指企业、事业单位和个体经济组织（以下统称用人单位）的劳动者在职业活动中，因接触粉尘、放射性物质和其他有毒、有害物质等因素而引起的疾病。职业病防治工作坚持预防为主、防治结合的方针，实行分类管理、综合治理。国家对从事放射性、高毒、高危粉尘等作业实行特殊管理。

（一）前期预防

《职业病防治法》规定，可能产生职业病危害的用人单位的设立除应当符合法律、行政法规规定的设立条件外，其工作场所还应当符合下列职业卫生要求：（1）职业病危害因素的强度或者浓度符合国家职业卫生标准；（2）有与职业病危害防护相适应的设施；（3）生产布局合理，符合有害与无害作业分开的原则；（4）有配套的更衣间、洗浴间、孕妇休息间等卫生设施；（5）设备、工具、用具等设施符合保护劳动者生理、心理健康的要求；（6）法律、行政法规和国务院卫生行政部门关于保护劳动者健康的其他要求。

用人单位还应按规定申报职业病危害项目和进行职业病危害预评价。

（二）工作过程中的防护与管理

用人单位在工作和管理过程中应当采取以下职业病防治管理措施：（1）设置或者指定职业卫生管理机构或者组织，配备专职或者兼职的职业卫生专业人员；（2）制订职业病防治计划和实施方案；（3）建立、健全职业卫生管理制度和操作规程；（4）建立、健全职业卫生档案和劳动者健康监护档案；（5）建立、健全工作场所职业病危害因素监测及评价制度；（6）建立、健全职业病危害事故应急救援预案等。

1. 发放防护用品

用人单位必须采用有效的职业病防护设施，并为劳动者提供个人使用的职业病防护用品。用人单位为劳动者个人提供的职业病防护用品必须符合防治职业病的要求；不符合要求的，不得使用。

2. 设置警示标志

产生职业病危害的用人单位，应当在醒目位置设置公告栏，公布有关职业病防治的规章制度、操作规程、职业病危害事故应急救援措施和工作场所职业病危害因素检测结果。对产生严重职业病危害的作业岗位，应当在其醒目位置，设置警示标识和中文警示说明。警示说明应当载明产生职业病危害的种类、后果、预防以及应急救治措施等内容。

3. 设置报警和急救设施

对可能发生急性职业损伤的有毒、有害工作场所，用人单位应当设置报警装置，配置现场急救用品、冲洗设备、应急撤离通道和必要的泄险区。对放射工作场所和放射性同位素的运输、储存，用人单位必须配置防护设备和报警装置，保证接触放射线的工作人员佩戴个人剂量计。对职业病防护设备、应急救援设施和个人使用的职业病防护用品，用人单位应当进行经常性维护、检修，定期检测其性能和效果，确保其处于正常状态，不得擅自拆除或者停止使用。

4. 提供中文说明书

用人单位对可能产生职业病危害的设备、化学品、放射性同位素和含有放射性物质的材料的，应当提供中文说明书，并在设备的醒目位置或产品包装上设置、印制警示标识和中文警示说明。设备警示说明应当载明设备性能、可能产生的职业病危害、安全操作和维护注意事项、职业病防护以及应急救治措施等内容。产品说明书应当载明产品特性、主要成分、存在的有害因素、可能产生的危害后果、安全使用注意事项、职业病防护以及应急救治措施等内容。

5. 告知义务

用人单位与劳动者订立或变更劳动合同（含聘用合同）时，应当将工作过程中可能产生的职业病危害及其后果、职业病防护措施和待遇等如实告知劳动者，并在劳动合同中写明，不得隐瞒或欺骗。用人单位违反告知规定的，劳动者有权拒绝从事存在职业病危害的作业，用人单位不得因此解除或者终止与劳动者所订立的劳动合同。

6. 人员培训

用人单位的主要负责人和职业卫生管理人员应当接受职业卫生培训，遵守职业病防治法律法规，依法组织本单位的职业病防治工作，并对劳动者进行上岗前的职业卫生培训和在岗期间的定期职业卫生培训，普及职业卫生知识，督促劳动者遵守职业病防治法律法规、规章和操作规程，指导劳动者正确使用职业病防护设备和个人使用的职业病防护用品。

7. 健康检查

对从事接触职业病危害作业的劳动者，用人单位应当按照国务院卫生行政部门的规定组织上岗前、在岗期间和离岗时的职业健康检查，并将检查结果如实告知劳动者。职业健康检查费用由用人单位承担。

8. 职业健康监护档案

用人单位应当为劳动者建立职业健康监护档案，并按照规定的期限妥善保存。职业健康监护档案应当包括劳动者的职业史、职业病危害接触史、职业健康检查结果和职业病诊疗等有关个人健康资料。劳动者离开用人单位时，有权索取本人职业健康监护档案复印件，用人单位应当如实、无偿提供，并在所提供的复印件上签章。

9. 应急救援

发生或者可能发生急性职业病危害事故时，用人单位应当立即采取应急救援和控制措施，并及时报告所在地卫生行政部门和有关部门。对遭受或者可能遭受急性职业病危害的劳动者，用人单位应当及时组织救治、进行健康检查和医学观察，所需费用由用人单位承担。

用人单位不得安排未成年人、孕期及哺乳期的女职工、未经上岗前职业健康检查的劳动者等从事接触职业病危害的作业；不得安排有职业禁忌的劳动者从事其所禁忌的作业。对在职业健康检查中发现有与所从事的职业相关的健康损害的劳动者，应当调离原工作岗位，并妥善安置；对未进行离岗前职业健康检查的劳动者不得解除或者终止与其订立的劳动合同。

第三节 特殊群体职业安全权益保护

我国有关法律法规针对女职工、残疾人和非因工负伤或患病职工的特点，制定了保障其劳动权利的专门政策和措施。

一、女职工保护

为了减少和解决女职工在劳动中因生理特点造成的特殊困难，保护女职工健康，国务院对1988年7月颁布的《女职工劳动保护规定》进行了修订，并于2012年4月重新颁布《女职工劳动保护特别规定》，进一步加强了女职工劳动保护工作。

《女职工劳动保护特别规定》要求，用人单位应当遵守女职工禁忌从事的劳动范围的规定，不得安排女性从事强体力或恶劣环境下的劳动，并不得因女职工怀孕、生育、哺乳降低其工资、予以辞退、与其解除劳动或者聘用合同。

（一）孕期保护

女职工在怀孕期间，不能适应原劳动的，用人单位应当根据医疗机构的证明，予以减轻劳动量或者安排其他能够适应的劳动。对怀孕7个月以上的女职工，用人单位不得延长劳动时间或者安排夜班劳动，并应当在劳动时间内安排一定的休息时间。怀孕女职工在劳动时间内进行产前检查，所需时间计入劳动时间。

（二）产期保护

女职工生育享受98天产假，其中产前可以休假15天；难产的，增加产假15天；生育多胞胎的，每多生育1个婴儿，增加产假15天。女职工怀孕未满4个月流产的，享受15天产假；怀孕满4个月流产的，享受42天产假。

女职工产假期间可享受生育津贴。对已经参加保险的，生育津贴按照用人单位上年度职工月平均工资的标准由生育保险基金支付；对未参加生育保险的，按照女职工产假前工资的标准由用人单位支付。

女职工生育或者流产的医疗费用，按照生育保险规定的项目和标准，对已经参加生育保险的，由生育保险基金支付；对未参加生育保险的，由用人单位支付。

2017年以来，我国开展了生育保险和基本医疗保险合并实施试点，生育津贴等费用在合并后，可通过基本医疗保险支付。

（三）哺乳期保护

对哺乳未满1周岁婴儿的女职工，用人单位不得延长劳动时间或者安排夜班劳动。

用人单位应当在每天的劳动时间内为哺乳期女职工安排1小时哺乳时间；女职工生育多胞胎的，每多哺乳1个婴儿，每天增加1小时哺乳时间。

用人单位违反《女职工劳动保护特别规定》，侵害女职工合法权益的，女职工可以依法投诉、举报、申诉，依法向劳动人事争议调解仲裁机构申请调解仲裁，对仲裁裁决不服的，依法向人民法院提起诉讼。用人单位侵害女职工合法权益，造成女职工损害的，应依法给予赔偿；用人单位及其直接负责的主管人员和其他直接责任人员构成犯罪的，依法追究刑事责任。

二、残疾人保护

国务院于2007年2月发布的《残疾人就业条例》规定，用人单位有安排残疾人就业的法定义务。用人单位应当按照不得低于本单位在职职工总数的1.5%的比例安排残疾人就业，并为其提供适当的工种、岗位，残疾人就业达不到其所在省、自治区、直辖市人民政府规定比例的单位，应当缴纳残疾人就业保障金。

用人单位招用残疾人职工，应依法与其签订劳动合同或者服务协议，对残疾人职工进行上岗、在岗、转岗等培训，并为残疾人职工提供适合其身体状况的劳动条件和劳动保护，不得在晋职、晋级、评定职称、报酬、社会保险、生活福利等方面歧视残疾人职工。国家对集中使用残疾人的用人单位依法给予税收优惠,并在生产、经营、技术、资金、物资、场地使用等方面给予扶持。

三、患病职工保护

职工患病和非因工负伤是影响其工作和生活的重要因素。为保障企业职工在患病或非因工负伤期间的合法权益,1994年12月,劳动部印发《企业职工患病或非因工负伤医疗期规定》,规定企业职工因患病或非因工负伤,需要停止工作医疗时,根据本人实际参加工作年限和在本单位工作年限,给予3个月到24个月的医疗期。医疗期是指企业职工因患病或非因工负伤停止工作治病休息不得解除劳动合同的时限。

(一)医疗期时限

《企业职工患病或非因工负伤医疗期规定》规定,患病和非因工负伤职工实际工作年限10年以下的,在本单位工作年限5年以下的,医疗期为3个月;5年以上的为6个月。

实际工作年限10年以上的,在本单位工作年限5年以下的为6个月;5年以上10年以下的为9个月;10年以上15年以下的为12个月;15年以上20年以下的为18个月;20年以上的为24个月。

医疗期三个月的按6个月内累计病休时间计算;6个月的按12个月内累计病休时间计算;9个月的按15个月内累计病休时间计算;12个月的按18个月内累计病休时间计算;18个月的按24个月内累计病休时间计算;24个月的按30个月内累计病休时间计算。

表6-1　　患病和非因工负伤职工医疗期

实际工作年限(年)	本单位工作年限(年)	医疗期(月)	累计病休时间
10年以下	<5	3	6
	>5	6	12

续表

实际工作年限（年）	本单位工作年限（年）	医疗期（月）	累计病休时间
10年以上	<5	6	12
	5~10	9	15
	10~15	12	18
	15~20	18	24
	>20	24	30

(二) 医疗期待遇

职工在医疗期内，其病假工资、疾病救济费和医疗待遇按照有关规定执行。企业职工非因工致残和经医生或医疗机构认定患有难以治疗的疾病，在医疗期内医疗终结，不能从事原工作，也不能从事用人单位另行安排的工作的，应当由劳动鉴定委员会参照工伤与职业病致残程度鉴定标准进行劳动能力的鉴定。被鉴定为一至四级，应当退出劳动岗位，终止劳动关系，办理退休、退职手续，享受退休、退职待遇；被鉴定为五至十级的，医疗期内不得解除劳动合同。

(三) 医疗期满

职工非因工致残和经医生或医疗机构认定患有难以治疗的疾病，医疗期满，应当由劳动鉴定委员会参照工伤与职业病致残程度鉴定标准进行劳动能力的鉴定，按鉴定等级处理劳动关系等事项。医疗期满尚未痊愈者，被解除劳动合同的经济补偿问题按照有关规定执行。

法律连线

主要政策法规

1. 《安全生产法》

2. 《职业病防治法》

3. 《女职工劳动保护特别规定》

4. 《残疾人就业条例》

5. 《企业职工患病或非因工负伤医疗期规定》

思考题

1. 你认为本单位职业安全卫生管理是否符合有关法律规定？有哪些值得改进的地方？

2. 你在专业技术工作中面临哪些职业安全卫生问题？国家应该如何进一步完善立法或政策规范？

3. 你认为女职工权益保护在政策实施中存在哪些问题？如何改进？

第七讲
社会保障权

学习目的

社会保障权是专业技术人员的基本社会权利。随着经济社会的发展，我国基本建成了覆盖全民、保基本、可持续、多层次的社会保障体系，社会保障水平稳步提高。

通过本讲的学习，专业技术人员可以了解我国社会保障体系的基本政策法规和改革趋势，掌握退休制度、基本养老保险、基本医疗保险、工伤保险、失业保险、生育保险等基本内容。

第一节 社会保障体系

社会保障权是现代社会公民的一项基本权利。我国《宪法》规定,国家建立健全同经济发展水平相适应的社会保障制度。随着人才强国战略的实施,专业技术人员不仅与其他劳动者一样享有国家规定的基本社会保障,作为重要人才还将成为国家社会保障制度的主要受益者。

一、社会保障体系

我国社会保障体系由基本社会保险、社会救济和社会福利三个部分构成。专业技术人员和其他劳动者可以依法享有相应的社会保障权。党的十九大报告提出,要坚持以人民为中心,将增进民生福祉作为发展的根本目的,坚持在发展中保障和改善民生,实现幼有所育、学有所教、劳有所得、病有所医、老有所养、住有所居、弱有所扶。按照兜底线、织密网、建机制的要求,全面建成覆盖全民、城乡统筹、权责清晰、保障适度、可持续的多层次社会保障体系。建立全国统一的社会保险公共服务平台,统筹城乡社会救助体系,完善最低生活保障制度。

知识链接

完善覆盖全民的社会保障体系

坚持应保尽保原则,健全统筹城乡、可持续的基本养老保险制度、基本医疗保险制度,稳步提高保障水平。加快建立基本养老保险全国统筹制度。加快落实社保转移接续、异地就医结算制度,规范社保基金管理,发展商业保险。统筹完善社会救助、社会福利、慈善事业、优抚安置等制度。健全退役军人工作体系和保障制度。坚持和完善促进男女平等、妇女全面发展的制度机制。完善农村留守儿童和妇女、老年人关爱服务体系，健全残疾人帮扶制度。坚决打赢脱贫攻坚战，巩固脱贫攻坚成果，建立解决相对贫困的长效机制。加快建立多主体供给、多渠道保障、租购并举的住房制度。

——《中共中央关于坚持和完善中国特色社会主义制度　推进国家治理体系和治理能力现代化若干重大问题的决定》

二、基本社会保险

基本社会保险是以国家为主体，对有收入的劳动者在暂时或永久丧失劳动能力，或虽有劳动能力而无生活来源情况下，给予一定程度的收入损失补偿，使之能继续达到社会基本生活水平，以维护社会稳定的一种制度。基本社会保险是社会保障体系的核心部分。

基本社会保险有强制性、互济性、储备性、补偿性等特点。《劳动法》规定，国家发展社会保险事业，建立社会保险制度，设立社会保险基金，使劳动者在年老、患病、工伤、失业、生育等情况下获得帮助和补偿。用人单位和劳动者必须依法参加社会保险，缴纳社会保险费。

《社会保险法》规定，我国基本社会保险包括基本养老保险、基本医疗保险、工伤保险、失业保险、生育保险等，保障公民在年老、疾病、工伤、失业、生育等情况下依法从国家和社会获得物质帮助的权利。

三、社会救济

社会救济也称社会救助，是指国家和社会对陷入生活困境的公民，给予物质接济和扶助，以保障其最低生活标准的制度。社会救助主要包括自然灾害救济、失业救济、孤寡病残救济和城乡困难户救济等救助方式。

生存权和发展权是现代社会公民的基本权利，获取社会救助是公民的一项基本权利。社会救助主要是对社会成员提供最低生活保障，其目标是扶危济贫，救助社会弱势群体，对象是社会的低收入人群和困难人群。社会救助体现了国家职责,是社会保障的最后一道防护线和安全网。

四、社会福利

从广义上讲,社会福利是指提高广大社会成员生活水平的各种政策和社会服务,旨在解决广大社会成员在各个方面的福利待遇问题。狭义的社会福利是指对生活能力较弱的儿童、老人、残疾人、精神病人等的社会照顾和社会服务。

社会福利所包括的内容十分广泛,不仅包括生活、教育、医疗方面的福利待遇,而且包括交通、文娱、体育等方面的福利待遇。社会福利是一种服务政策和服务措施,其目的在于提高广大社会成员的物质和精神生活水平。

第二节 退休与养老保障

我国的退休制度在改革开放以后逐步建立,形成与之配套的企业、机关和事业单位基本养老保险制度和城乡居民基本养老保险制度,为专业技术人员和其他劳动者提供了养老保障。

一、退(离)休制度

(一)退休年龄和条件

1978年,《国务院关于安置老弱病残干部的暂行办法》规定,党政机关、群众团体、企业、事业单位的干部,符合下列条件之一的,都可以退休。

(1)男年满60周岁,女年满55周岁,参加革命工作年限满10年的。

(2)男年满50周岁,女年满45周岁,参加革命工作年限满10年,经过医院证明完全丧失工作能力的。

(3)因工致残,经过医院证明完全丧失工作能力的。

经过医院证明完全丧失工作能力,又不具备退休条件的干部,应当退职。

《国务院关于工人退休、退职的暂行办法》规定，全民所有制企业、事业单位和党政机关、群众团体的工人，符合下列条件之一的，应该退休。

（1）男年满60周岁，女年满50周岁，连续工龄满10年的。

（2）从事井下、高空、高温、特别繁重体力劳动或者其他有害身体健康的工作，男年满55周岁，女年满45周岁，连续工龄满10年的。本项规定也适用于工作条件与工人相同的基层干部。

（3）男年满50周岁，女年满45周岁，连续工龄满10年的，由医院证明，并经劳动鉴定委员会确认，完全丧失劳动能力的。

（4）因工致残，由医院证明，并经劳动鉴定委员会确认，完全丧失劳动能力的。

（二）离休制度

《国务院关于安置老弱病残干部的暂行办法》同时提出了对中华人民共和国成立前参加工作的老干部实行离职休养的制度，作为干部退休的一种特殊待遇。1982年4月，《国务院关于老干部离职休养制度的几项规定的通知》对此进行了具体规定，指出对中华人民共和国成立前参加中国共产党所领导的革命战争、脱产享受供给制待遇的和从事地下革命工作的老干部，达到离职休养年龄的，实行离职休养的制度。

（三）高级专家退休

在事业单位专业技术人员退休方面，为发挥高级专家作用，根据有关规定，部分有贡献的高级专家可延缓退休。

根据《国务院关于高级专家离休退休若干问题的暂行规定》（1983年9月）、劳动人事部《关于贯彻执行〈国务院关于高级专家离休退休若干问题的暂行规定〉的说明》（1983年12月）、人事部《关于高级专家退（离）休有关问题的通知》（1990年2月）和《关于杰出高级专家暂缓离退休审批工作有关问题的通知》（1992年2月）等文件的规定，高级专家离休退休年龄，一般应按国家统一规定执行。对其中少数高级专家，确因工作需要，身体能够坚持正常工作，征得本人同意，经下述机关批准，其离休退休年龄可以适当延长：

（1）副教授、副研究员以及相当这一级职称的高级专家，经批准，可以适当延长离休退休年龄，但最长不超过 65 周岁。

（2）教授、研究员以及相当于这一级职称的高级专家，经批准，可以延长离休退休年龄，但最长不超过 70 周岁。

（3）女性高级专家，凡身体能坚持正常工作，本人自愿，可到 60 周岁退（离）休。对年满 60 周岁的少数女性高级专家，确因工作需要延长退（离）休年龄的，应经批准。2015 年 2 月，中共中央组织部、人力资源社会保障部印发《关于机关事业单位县处级女干部和具有高级职称的女性专业技术人员退休年龄问题的通知》，提出党政机关、人民团体中的正、副县处级及相应职务层次的女干部，事业单位中担任党务、行政管理工作的相当于正、副处级的女干部和具有高级职称的女性专业技术人员，年满 60 周岁退休。上述女干部和具有高级职称的女性专业技术人员，如本人申请，可以在年满 55 周岁时自愿退休。

（4）学术上造诣高深、在国内外有重大影响的杰出高级专家，经国务院批准，可以暂缓离休退休，继续从事研究或著述工作。延长离休退休年龄的高级专家中，担任行政领导职务或管理职务的，在达到国家统一规定的离休退休年龄时，应当免去其行政领导职务或管理职务，使他们集中精力继续从事科学技术或文化艺术等工作。特殊情况经过任免机关批准的除外。

高级专家包括：正副教授、正副研究员、高级工程师、高级农艺师、正副主任医师、正副编审、正副译审、正副研究馆员、高级经济师、高级统计师、高级会计师、特级纪者、高级记者、高级工艺美术师以及文艺六级以上的专家等。

杰出高级专家包括：中国科学院学部委员；曾任全国人大常委、全国政协常委以及各民主党派中央副主席以上职务的高级专家；1983 年年底以前评定为四级以上的老专家；其他有突出贡献，学术上造诣高深，在国内外享有很高声誉的高级专家。现任全国人大常委、全国政协常委的杰出高级专家，在任届未满时,不需办理暂缓离休退休的审批手续;任届期满后需暂缓离休退休的,再按规定报批。

有重大贡献的高级专家包括:国家统一颁发的各种奖(如自然科学奖、发明奖等)获得者,集体奖指主要发明人或作者;全国劳动模范、全国劳动英雄、全国先进工作者;各省、市、自治区,中央、国家机关各部委一级授予的劳动模范、劳动英雄、先进工作者或被省、市、自治区和中央、国家机关部委一级确认为在生产、科研、文教、卫生、管理等方面作出优异成绩者等。

少数高级专家延长离休退休年限的四个条件要同时具备,但必须首先考虑工作需要和身体条件。"身体条件"须符合在延长期间所承担的工作的要求。"工作需要"主要应考虑其在延长离休退休期间所承担的工作任务的必要性,少数高级专家确因工作需要延长离休退休年龄,主要是指以下几种情况:已承担的重要工作(如重点攻关科研项目)和带博士研究生等任务尚未完成,离休退休后将对工作带来较大影响的;特殊专业和新学科、重点学科急需的;技术力量薄弱的单位确系工作需要的;在业务上起把关作用或在学科中起带头作用、离休退休后尚无人接替的等。

随着制度调整,延长离休退休年龄的高级专家主要是享受国家发放的政府特殊津贴的专家、学者和中国科学院、中国工程院院士等。

根据2008年7月财政部、国家税务总局《关于高级专家延长离休退休期间取得工资薪金所得有关个人所得税问题的通知》,对高级专家从其劳动人事关系所在单位取得的,单位按国家有关规定向职工统一发放的工资、薪金、奖金、津贴、补贴等收入,视同离休退休工资,免征个人所得税;上述收入以外各种名目的津补贴收入等,以及高级专家从其劳动人事关系所在单位之外的其他地方取得的培训费、讲课费、顾问费、稿酬等各种收入,依法计征个人所得税。

二、企业职工养老保险制度

基本养老保险是国家根据法律、法规的规定，强制建立和实施的一种社会保险制度。在这一制度下，用人单位和劳动者必须依法缴纳养老保险费，在劳动者达到国家规定的退休年龄或因其他原因而退出劳动岗位后，社会保险经办机构依法向其支付养老金等待遇，从而保障其基本生活。

（一）企业职工基本养老保险

1997年5月，国务院发布《关于建立统一的企业职工基本养老保险制度的决定》，决定国家统一全国城镇企业职工基本养老保险制度，实行社会统筹与个人账户相结合的职工基本养老保险制度。企业职工达到法定退休年龄（男性职工60周岁，女性干部55周岁，女性工人50周岁），且个人缴费满15年的，退休后可以按月领取基本养老金。

基本养老保险实行社会统筹与个人账户相结合，养老保险基金由用人单位和个人缴费以及政府补贴等组成。用人单位应当按照国家规定的本单位职工工资总额的比例缴纳基本养老保险费，缴纳比例一般不超过单位工资总额的20%，计入基本养老保险统筹基金。

职工应当按照国家规定的本人工资的比例缴纳基本养老保险费，计入个人账户，从2006年1月1日起，个人账户的规模统一由本人缴费工资的11%调整为8%，全部由个人缴费形成，单位缴费不再划入个人账户。个人账户储存额，每年参考银行同期存款利率计算利息。

（二）养老保险待遇

参加基本养老保险的个人，达到法定退休年龄时累计缴费满15年的，按月领取基本养老金，缴费不足15年的人员可以缴费至满15年，按月领取基本养老金，也可以转入新型农村社会养老保险或者城镇居民社会养老保险，按照国务院规定享受相应的养老保险待遇。

参加基本养老保险的个人，个人账户金额不能提前支取。职工调动时，个人账户全部随同转移。职工或退休人员死亡，个人账户中的个人缴费部分可以继承。个人因病或者非因工死亡的，其遗属可以领取丧葬补助金和抚恤金；在未达到法定退休年龄时因病或者非因工致残完全丧失劳动能力的，可以领取病残津贴。

基本养老金由基础养老金和个人账户养老金组成。基础养老金为职工退休时上年度当地在岗职工月平均工资与本人指数化月平均缴费工资之和的平均值作为计发基数，缴费每满1年发给1%，个人账户养老金月标准为本人账户储存额除以120。个人缴费年限累计不满15年的，退休后不享受基础养老金待遇，其个人账户储存额一次支付给本人。

(三) 企业年金

企业年金是指用人单位及其职工在依法参加基本养老保险的基础上，自愿建立的补充养老保险制度。为提高职工养老待遇，国家应鼓励用人单位建立企业年金。

2017年12月，人力资源社会保障部、财政部发布《企业年金办法》，自2018年2月1日起施行。该办法规定，企业年金所需费用由企业和职工个人共同缴纳。企业年金基金实行完全积累，为每个参加企业年金的职工建立个人账户，按照国家有关规定投资运营。完全积累制又称基金制，就是劳动者在整个就业期间，建立个人账户，作为长期储存及保值增值积累的基金，所有权归个人，达到领取条件一次性或按月领取。

企业年金基金由企业缴费、职工个人缴费、企业年金基金投资运营收益组成。企业缴费每年不超过本企业职工工资总额的8%。企业和职工个人缴费合计不超过本企业职工工资总额的12%。具体所需费用，由企业和职工一方协商确定。职工个人缴费由企业从职工个人工资中代扣代缴。

企业缴费应当按照企业年金方案确定的比例和办法计入职工企业年金个人账户，职工个人缴费计入本人企业年金个人账户。为保证企业年金分配的公平性，国家规定企业应当保持不同职工年金待遇的平衡，合理确定本单位当期缴费计入职工企业年金个人账户的最高额与平均额的差距。企业当期缴费计入职工企业年金个人账户的最高额与平均额不得超过5倍，以缩小待遇差距。

职工企业年金个人账户中个人缴费及其投资收益自始归属于职工个人。但对于个人账户中企业缴费和投资收益,企业可以与职工一方约定其自始归属于职工个人,也可以约定随着职工在本企业工作年限的增加逐步归属于职工个人,完全归属于职工个人的期限最长不超过8年。

职工在达到国家规定的退休年龄或者完全丧失劳动能力时,可以从本人企业年金个人账户中按月、分次或者一次性领取企业年金,也可以将本人企业年金个人账户资金全部或者部分购买商业养老保险产品,依据保险合同领取待遇并享受相应的继承权;出国(境)定居人员的企业年金个人账户资金,可以根据本人要求一次性支付给本人;职工或者退休人员死亡后,其企业年金个人账户余额可以继承。

三、机关和事业单位养老保险制度改革

为统筹城乡社会保障体系建设,建立更加公平、可持续的养老保险制度,2015年1月,国务院印发《关于机关事业单位工作人员养老保险制度改革的决定》(以下简称《决定》),开展了机关事业单位工作人员养老保险制度改革,改变了机关事业单位原有退休保障的方式,逐步建立独立于机关事业单位之外、资金来源多渠道、保障方式多层次、管理服务社会化的养老保险体系。

(一)参保范围

在人员范围方面,应根据机关事业单位编制管理规定确定参保人员范围。编制外人员应依法参加企业职工基本养老保险。对于编制管理不规范的单位,要先按照有关规定进行清理规范,待明确工作人员身份后再纳入相应的养老保险制度。

(二)基本制度

机关事业单位与企业一样,实行社会统筹与个人账户相结合的基本养老保险制度。基本养老保险费由单位和个人共同负担。《决定》实施后参加工

作、个人缴费年限累计满 15 年的人员，退休后按月发给基本养老金。

基本养老金由基础养老金和个人账户养老金组成。退休时的基础养老金月标准以当地上年度在岗职工月平均工资和本人指数化月平均缴费工资的平均值为基数，缴费每满 1 年发给 1%。个人账户养老金月标准为个人账户储存额除以计发月数，计发月数根据本人退休时城镇人口平均预期寿命、本人退休年龄、利息等因素确定。

《决定》实施前参加工作、实施后退休且缴费年限（含视同缴费年限）累计满 15 年的人员，按照合理衔接、平稳过渡的原则，在发给基础养老金和个人账户养老金的基础上，再依据视同缴费年限长短发给过渡性养老金。《决定》实施后达到退休年龄但个人缴费年限累计不满 15 年的人员，其基本养老保险关系处理和基本养老金计发比照《实施〈中华人民共和国社会保险法〉若干规定》执行。《决定》实施前已经退休的人员，继续按照国家规定的原待遇标准发放基本养老金，同时执行基本养老金调整办法。

对于《决定》实施前曾参加企业职工基本养老保险、实施后参加机关事业单位基本养老保险的工作人员，其参加企业职工基本养老保险的实际缴费年限应予确认，不认定为视同缴费年限，并与参加机关事业单位基本养老保险的实际缴费年限合并计算。在本人退休时，根据其实际缴费年限、视同缴费年限及对应的视同缴费指数等因数计发基本养老金。

(三) 单位和个人缴费基数

根据机关事业单位工资制度特点，单位工资总额为参加机关事业单位养老保险工作人员的个人缴费工资基数之和。机关单位（含参公管理的单位）工作人员的个人缴费工资基数包括：本人上年度工资收入中的基本工资、国家统一的津贴补贴（艰苦边远地区津贴、西藏特贴、特区津贴、警衔津贴、海关津贴等国家统一规定纳入原退休费基数的项目）、规范后的津贴补贴（地区附加津贴）、年终一次性奖金。事业单位工作人员的个人缴费工资基数包括：本人上年度工资收入中的基本工资、国家统一的津贴补贴（艰苦边远地区津贴、西藏特贴、特区津贴等国家统一规定纳入原退休费计发基数的项目)、绩效工资。其余项目暂不纳入个人缴费工资基数。

(四) 职业年金制度

2015年4月,国务院办公厅印发《机关事业单位职业年金办法》,决定从2014年10月1日起实施机关事业单位工作人员职业年金制度。

职业年金所需费用由单位和工作人员个人共同承担。单位缴纳职业年金费用的比例为本单位工资总额的8%,个人缴费比例为本人缴费工资的4%,由单位代扣。单位和个人缴费基数与机关事业单位工作人员基本养老保险缴费基数一致。

职业年金基金采用个人账户方式管理。个人缴费实行实账积累。对财政全额供款的单位,单位缴费根据单位提供的信息采取记账方式,每年按照国家统一公布的记账利率计算利息,工作人员退休前,本人职业年金账户的累计储存额由同级财政拨付资金记实;对非财政全额供款的单位,单位缴费实行实账积累。

单位缴费按照个人缴费基数的8%计入本人职业年金个人账户;个人缴费直接计入本人职业年金个人账户。职业年金基金投资运营收益按规定计入职业年金个人账户。

典型案例

社会保险待遇权利应依法保障[①]

堵女士于1990年4月入职某发展研究中心(以下简称中心)下属的经济发展咨询公司(以下简称咨询公司)担任出纳。双方未签订书面劳动合同。1993年8月21日,咨询公司注销,但未对堵女士的劳动关系及其去留问题作出明确的处理,且在清算工作结束后又将她的人事档案丢失,致使她与中心之间产生了后续劳动争议纠纷。2011年9月,堵女士达到法定退休年龄,因中心未为其缴纳2003年5月之后的养老保险,导致其无法办理退休手续,享

---

① 摘编自北京市东城区人民法院民事判决书 (2019) 京 0101 民初 104 号, 2019-5-27http://www.bjcourt.gov.cn/cpws/paperView.htm? id = 100862872323&n = 3

受退休待遇。

2012年，法院曾作出民事判决书，判决中心向堵女士支付2011年10月至2013年5月期间养老金损失。此后堵女士均通过诉讼主张养老金损失，且中心也按判决结果履行支付义务。2018年9月3日，法院作出民事判决书，判决中心支付堵女士2017年10月至2018年5月期间的养老金损失及统一补充医疗保险金损失。判决后，双方均未上诉，该判决已生效，现已履行完毕。

根据2018年案件审理中法院向社保部门核实的情况，堵女士2018年1月起月养老金数额调整为3 988.69元，另据《××市劳动和社会保障局关于建立全市退休人员统一补充医疗保险的通知》的要求，为保证退休人员的切身利益，70岁以下退休人员个人账户按每人每月100元划入，但需扣减退休人员个人每月应交纳的3元大额医疗费用互助资金。

法院认为，劳动者的合法权益受法律保护。用人单位有为其职工依法缴纳社会保险的义务，劳动者依法有享受社会保险待遇的权利。已为人民法院发生法律效力的裁判所确认的事实，当事人无须举证证明。根据已生效的人民法院民事判决书所确认的事实，堵女士于2011年9月达到法定退休年龄后，无法正常享受退休待遇系由于中心未依法及时足额为其缴纳社会保险所致，故中心应赔偿由此给她造成的相关损失。现堵女士要求中心支付2018年6月至2018年12月期间养老金及医疗保险补偿金损失的诉讼请求，理由正当，法院予以支持。

四、城乡居民基本养老保险制度

2014年，我国在全国建立了统一的城乡居民基本养老保险制度，在保障城乡老年居民基本生活、调节收入分配、促进社会和谐稳定等方面发挥了积极作用。年满16周岁（不含在校学生），非国家机关和事业单位工作人员及不属于职工基本养老保险制度覆盖范围的城乡居民，可以在户籍地参加城乡居民养老保险。如自主创业或选择自由职业的专业技术人员，可选择参加职工养老保险，也可选择参加居民基本养老保险。

城乡居民基本养老保险待遇由基础养老金和个人账户养老金构成。基础养老金由中央和地方确定标准并全额支付给符合领取条件的参保人；个人账户养老金由个人账户全部储存额除以计发系数确定。中央根据全国城乡居民人均可支配收入和财力状况等因素，合理确定全国基础养老金最低标准。地方应当根据当地实际提高基础养老金标准，对65岁及以上参保城乡老年居民予以适当倾斜；对长期缴费、超过最低缴费年限的，应适当加发年限基础养老金。

第三节　医疗与生育保障

医疗保障是国家为保障劳动者健康、减轻和预防疾病风险而提供的基本医疗服务保障。生育保险是妇女劳动者因怀孕和分娩暂时中断劳动时，由国家和社会提供医疗服务、生育津贴和产假的一种社会保险制度，是国家或社会对生育女职工给予必要的经济补偿和医疗保健的社会保险制度。

一、基本医疗保险

职工应当参加职工基本医疗保险，由用人单位和职工按照国家规定共同缴纳基本医疗保险费。无雇工的个体工商户、未在用人单位参加职工基本医疗保险的非全日制从业人员以及其他灵活就业人员可以参加职工基本医疗保险，由个人按照国家规定缴纳基本医疗保险费。

国家建立和完善新型农村合作医疗制度。新型农村合作医疗的管理办法，由国务院规定。

国家建立和完善城镇居民基本医疗保险制度。城镇居民基本医疗保险实行个人缴费和政府补贴相结合。享受最低生活保障的人、丧失劳动能力的残疾人、低收入家庭六十周岁以上的老年人和未成年人等所需个人缴费部分，由政府给予补贴。

参加职工基本医疗保险的个人，达到法定退休年龄时累计缴费达到国家规定年限的，退休后不再缴纳基本医疗保险费，按照国家规定享受基本医疗保险待遇；未达到国家规定年限的，可以缴费至国家规定年限。

基本医疗保险费由用人单位和职工共同缴纳。职工个人缴纳的基本医疗保险费，全部计入个人账户。用人单位缴纳的基本医疗保险费分为两部分：一部分用于建立统筹基金，一部分划入个人账户。

由于我国各地经济发展水平不同，医疗服务提供能力和医疗消费水平等差距都很大，国务院只对基本医疗保险起付标准、支付比例和最高支付限额等作了原则规定，具体待遇给付标准由统筹地区人民政府按照以收定支的原则确定。

符合基本医疗保险药品目录、诊疗项目、医疗服务设施标准以及急诊、抢救的医疗费用，按照国家规定从基本医疗保险基金中支付；不纳入基本医疗保险基金支付范围的医疗费用，依法应当由第三人负担，第三人不支付或者无法确定第三人的，由基本医疗保险基金先行支付。基本医疗保险基金先行支付后，有权向第三人追偿。个人跨统筹地区就业的，其基本医疗保险关系随本人转移，缴费年限累计计算。

二、生育保险

为了维护企业女职工在生育期间得到必要的经济补偿和医疗保健，均衡企业间生育保险费用的负担，1994年12月，劳动部发布《企业职工生育保险试行办法》。职工应当参加生育保险，由用人单位按照国家规定缴纳生育保险费，职工不缴纳生育保险费。女职工生育或流产后，其工资、劳动关系保留不变，按规定报销医疗费用。

用人单位已经缴纳生育保险费的，其职工享受生育保险待遇；职工未就业配偶按照国家规定享受生育医疗费用待遇。所需资金从生育保险基金中支付。

生育保险待遇包括生育医疗费用和生育津贴。生育医疗费用包括：（1）生育的医疗费用；（2）计划生育的医疗费用；（3）法律、法规规定的其他项目费用。生育津贴按照职工所在用人单位上年度职工月平均工资计发，职工在下列情形下，可以按照国家规定享受生育津贴：（1）女职工生育享受产假；（2）享受计划生育手术休假；（3）法律、法规规定的其他情形。

生育保险制度主要对象是城镇企业及其职工，部分地区覆盖了国家机关、事业单位、社会团体等单位的女职工。

三、生育保险和职工基本医疗保险的合并实施

为保障职工社会保险待遇、增强基金共济能力，2019年3月，国务院办公厅印发《关于全面推进生育保险和职工基本医疗保险合并实施的意见》，遵循保留险种、保障待遇、统一管理、降低成本的总体思路，推进生育保险和职工基本医疗保险的合并实施，实现参保同步登记、基金合并运行、征缴管理一致、监督管理统一、经办服务一体化。通过整合两项保险基金及管理资源，强化基金共济能力，提升管理综合效能，降低管理运行成本，建立适应我国经济发展水平、优化保险管理资源、实现两项保险长期稳定可持续发展的制度体系和运行机制。

推进生育保险和职工基本医疗保险合并实施的主要政策内容包括：

一是统一参保登记。参加职工基本医疗保险的在职职工同步参加生育保险。完善参保范围，促进实现应保尽保。

二是统一基金征缴和管理。生育保险基金并入职工基本医疗保险基金，统一征缴，统筹层次一致。按照用人单位参加生育保险和职工基本医疗保险的缴费比例之和确定新的单位费率。

三是统一医疗服务管理。两项保险合并实施后实行统一定点医疗服务管理，执行基本医疗保险、工伤保险、生育保险药品目录以及基本医疗保险诊疗项目和医疗服务设施范围。生育医疗费用原则上实行医疗保险经办机构与定点医疗机构直接结算。促进生育医疗服务行为规范，强化监控和审核。

四是统一经办和信息服务。经办管理统一由基本医疗保险经办机构负责，

实行信息系统一体化运行。

五是确保职工生育期间生育保险待遇不变。参保人员生育医疗费用、生育津贴等各项生育保险待遇按现行法律法规执行，所需资金从职工基本医疗保险基金中支付。

六是确保制度可持续。各地要增强基金统筹共济能力，增强风险防范意识和制度保障能力，合理引导预期，完善生育保险监测指标，根据生育保险支出需求建立费率动态调整机制。

第四节　失业与工伤保障

失业是指在就业年龄内，具有工作能力，但未得到就业机会的状态。工伤即因工负伤，指职工在生产劳动或工作中负伤。根据国家规定，执行日常工作或单位临时指定或同意的工作，从事紧急情况下虽未经单位指定但对单位有利的工作，以及从事发明或技术改进工作而负伤者，都属于工伤。劳动者失业和工伤通常会带来本人和家庭的生活困难，需要国家和社会的帮助。失业保险和工伤保险作为基本的社会保障制度，是我国社会保障体系的重要组成部分。

一、失业保险

失业保险制度是国家通过立法强制实施，由社会集中建立失业保险基金，对非因本人意愿中断就业、失去工资收入的劳动者提供一定时期的物质帮助的一项社会保险制度。

1999年1月，国务院颁布《失业保险条例》，规定城镇企业、事业单位及其职工必须参加失业保险。用人单位按照本单位工资总额的2%、职工按照本人工资的1%缴纳失业保险费。

失业保险待遇包括失业保险金、医疗补助金、丧葬补助金和抚恤金、职业培训和职业介绍补贴等。按照规定参加失业保险，所在单位和本人已按照规定履行缴费义务满一年、非因本人意愿中断就业、已办理失业登记并有求职要求的失业人员可以领取失业保险金。

失业保险金水平一般低于当地最低工资标准,但高于城市居民最低生活保障标准。失业人员在领取失业保险金期间患病,还可领取医疗补助金;在领取失业保险金期间死亡,其遗属可领取丧葬补助金和抚恤金;在领取失业保险金期间还可享受职业培训和职业介绍补贴。

失业人员失业前用人单位和本人按照规定累计缴费满1年不足5年的,领取失业保险金的期限最长为12个月;累计缴费满5年不足10年的,领取失业保险金的期限最长为18个月;累计缴费10年以上的,领取失业保险金的期限最长为24个月。重新就业后,再次失业的,缴费时间重新计算,领取失业保险金的期限与前次失业应当领取而尚未领取的失业保险金的期限合并计算,最长不超过24个月。

1999年8月,《关于事业单位参加失业保险有关问题的通知》规定,事业单位缴纳失业保险费所需资金在其支出预算中列支,其基金收支要在失业保险基金收支中单独反映,事业单位职工失业后,应到当地经办失业保险业务的社会保险经办机构办理失业登记,对符合享受失业保险待遇条件的,由经办机构按规定支付失业保险待遇。

二、工伤保险

在工伤保险方面,我国提出了要努力建立职工的工伤预防、工伤补偿和工伤康复相结合的工伤保险制度的目标。

按照《工伤保险条例》的规定,职工有下列情形之一的,应当认定为工伤:(1)在工作时间和工作场所内,因工作原因受到事故伤害的;(2)工作时间前后在工作场所内,从事与工作有关的预备性或者收尾性工作受到事故伤害的;(3)在工作时间和工作场所内,因履行工作职责受到暴力等意外伤害的;(4)患职业病的;(5)因工外出期间,由于工作原因受到伤害或者发生事故下落不明的;(6)在上下班途中,受到非本人主要责任的交通事故或者城市轨道交通、客运轮渡、火车事故伤害的；（7）法律、行政法规规定应当认定为工伤的其他情形。

职工有下列情形之一的，视同工伤：（1）在工作时间和工作岗位，突发疾病死亡或者在48小时之内经抢救无效死亡的；（2）在抢险救灾等维护国家利益、公共利益活动中受到伤害的；（3）职工原在军队服役，因战、因公负伤致残，已取得革命伤残军人证，到用人单位后旧伤复发的。

工伤保险实行以支定收、收支平衡的基金筹集模式，逐步实行省级统筹。国家根据不同行业的工伤风险程度确定行业差别费率，并根据工伤保险费使用、工伤发生率等情况在每个行业内确定若干费率档次。行业差别费率及行业费率档次由国务院社会保险行政部门制定，报国务院批准后公布施行。

用人单位应当按照本单位职工工资总额，根据社会保险经办机构确定的费率缴纳工伤保险费。职工因工作原因受到事故伤害或者患职业病，且经工伤认定的，享受工伤保险待遇。其中，经劳动能力鉴定丧失劳动能力的，享受伤残待遇。

职工所在用人单位未依法缴纳工伤保险费，发生工伤事故的，由用人单位支付工伤保险待遇。用人单位不支付的，从工伤保险基金中先行支付。从工伤保险基金中先行支付的工伤保险待遇应当由用人单位偿还。由于第三人的原因造成工伤，第三人不支付工伤医疗费用或者无法确定第三人的，由工伤保险基金先行支付。工伤保险基金先行支付后，有权向第三人追偿。

工伤保险实行"无过失补偿"或"无责任赔偿"的原则，即在发生工伤事故时，无论事故责任是否属于劳动者本人，受害者都应得到一定的经济补偿。工伤保险是所有社会保险项目中享受条件最低、待遇水平最高的保险。

工伤保险待遇项目主要包括工伤医疗费用，根据劳动能力丧失程度确定的伤残补助金、伤残津贴、伤残护理费，因工死亡劳动者直系亲属领取的丧葬补助金、供养亲属抚恤金和一次性工亡补助金等。

2010年12月，国务院颁发了《关于修改〈工伤保险条例〉的决定》，规定我国境内的企业、事业单位、社会团体、民办非企业单位、基金会、律师事务所、会计师事务所等组织和有雇工的个体工商户都应依照规定参加工伤保险，为本单位全部职工或者雇工缴纳工伤保险费。职工个人不缴纳工伤保险费。

法律连线

主要政策法规

1. 《社会保险法》

2. 《工伤保险条例》

3. 《失业保险条例》

思考题

1. 你认为在保险资金来源方面，当前我国基本社会保险制度中的国家、单位和个人责任应如何分配？

2. 如何提高我国基本养老保障的待遇水平？你所在的单位是否建立了企业年金或职业年金？

3. 你认为当前医疗保险费用报销范围和比例是否合理？报销手续是否便利？如何改进？

第八讲
权益维护

学习目的

专业技术人员掌握权益救济的基本原则和途径,有利于保障个体自由、生命和财产安全,对贯彻落实依法治国、推进国家社会进步具有重要意义。

通过本讲的学习,专业技术人员应了解与用人单位发生劳动人事争议时进行权益救济的主要方式,掌握申诉、协商、调解、仲裁、诉讼等权益救济方式的适用范围、程序和方法,并能够正确运用权益救济方式,维护自身合法权益。

第一节 申诉

申诉是一种最常见、最直接的维权方式，也是专业技术人员法定的基本权利。对用人单位而言，建立申诉制度、维护专业技术人员申诉权，有助于及时解决内部管理的争议，提高管理效率。

一、申诉与申诉权

申诉即陈述申辩，是指个人就特定组织作出的关系自身利益的处理决定不服，依据法律法规或组织内部规则，提出重新处理要求的行为。申诉是专业技术人员对涉及自身利益的组织处理决定不服所采取的特定权利救济方式，是保障专业技术人员和其他劳动者合法权益的重要手段。

(一) 申诉的类别

在社会交往中，正式和非正式的申诉无处不在。依据申诉的组织对象不同，申诉可分为司法申诉、行政申诉和组织申诉等。

司法申诉又称诉讼性申诉，是指公民、法人或其他组织对司法机关作出的发生法律效力的判决、裁定不服，向法院或检察院提出申诉，要求改正或撤销原判决或裁定。

行政申诉是指公民、法人对国家行政机关的处理决定不服，依照一定的程序，向有关机关提出说明和陈述，要求采取措施予以纠正和保护的行为。我国《宪法》规定，公民对于任何国家机关和国家工作人员的违法失职行为，有向有关国家机关提出申诉、控告或者检举的权利，有关国家机关必须查清事实，负责地处理申诉，任何人不得压制和打击报复。

组织申诉是指个人对用人单位的处理决定不服，而提出的辩解和维权要求。不同组织或用人单位的申诉方式、程序各不一样。一般而言，国家仅对国有单位的申诉作出明确规定,私人企业和其他社会组织的申诉是其自主管理权的范畴,国家并不干预。

为规范机关事业单位人事管理,我国先后发布实施了《公务员申诉规定(试行)》《事业单位工作人员申诉规定》等。对于企业组织和其他用人单位,国家对其劳动人事争议处理主要采取调解和仲裁等方式。但鉴于申诉方式的内部性和简便性,我国越来越多的企业也开始自发建立符合自身需要的申诉制度,如绩效申诉、职务晋升申诉、薪酬待遇申诉等。

(二) 申诉权保护的原则

申诉作为专业技术人员的法定权利,其组织处理的基本原则是公平公正。为确保公平公正处理申诉,用人单位或其上级组织应建立相应的申诉制度,明确申诉受理人或机构、申诉程序等,一般应遵循以下原则。

1. 保障申诉权利的原则

要尊重和实现专业技术人员的申诉权,首先要明确专业技术人员有提出申诉的权利,并建立制度机制予以保障,纠正违法、不当的人事管理行为。

2. 实事求是原则

实事求是原则既是对专业技术人员申请申诉的基本要求,也是对受理单位开展工作的基本要求。专业技术人员提出申诉,应当实事求是,不得捏造事实,诬告、陷害他人。在受理申诉的过程中,受理单位及相关工作人员应当以事实为依据,以法律为准绳,遵照规定程序查清事实并正确适用有关法律法规和单位规章制度,作出客观、公正的处理。

3. 时效原则

时效原则要求专业技术人员应当及时行使权利,在规定的期限内提出申诉,而申诉受理单位也应在规定的期限内受理申诉并按时处理,按照规定程序办事。同时,时效原则要求发生效力的处理决定在规定期限内执行,以保证申诉的权威性和严肃性。

4. 申诉不加重处理原则

申诉不加重处理原则是指专业技术人员不因提出申诉而加重处理。这一原则与刑事诉讼法制度中的上诉不加刑原则一致,是专业技术人员申诉权得以行使的重要保障,有助于消除专业技术人员提出申诉的思想顾虑,切实保障申诉权的行使。

5. 复核申诉不停止执行原则

复核申诉不停止执行原则是指专业技术人员在提出申诉期间,原处理决定不停止执行。对于专业技术人员提出的申诉,有关单位应认真、负责地予以处理。在作出撤销或者变更原处理决定之前,原处理决定有效,有关单位和工作人员必须执行。其目的是保障用人单位正常、有效地行使职权,避免因为停止执行而使工作人员逃脱处理。

(三) 申诉与劳动人事争议仲裁的区别

申诉制度在性质和功能上不同于劳动人事争议仲裁制度。二者在劳动人事争议及其处理上相互不重复、不交叉,在不同领域发挥着维护工作人员合法权益的作用,都是不可或缺的权利救济途径。

从性质来看,劳动人事争议仲裁机构是相对独立于行政机构,居中处理劳动人事争议,具有准司法性;而受理申诉则是一种行政行为,自上而下处理人事争议。

从功能来看,劳动人事争议仲裁受案范围是用人单位和专业技术人员作为平等主体所产生的争议,即单位与个人因订立、履行、变更、解除、终止劳动合同或聘用合同等发生的争议;而申诉制度的受案范围是用人单位在实施人事管理过程中产生的内部管理争议。

二、事业单位复核制度

事业单位是我国专业技术人员的集聚地。为保障事业单位工作人员的申诉权,《事业单位人事管理条例》规定,事业单位工作人员对涉及本人的考核结果、处分决定等不服的,可以按照国家有关规定申请复核、提出申诉。这意味着事业单位复核和申诉制度初步建立,也意味着事业单位实际上实行了申诉与仲裁并行的人事争议处理制度。2014年6月印发的《事业单位工作人员申诉规定》（以下简称《规定》）和 2019 年 1 月印发的《事业单位工作人员申诉案件办理规则》，构成了事业单位工作人员申诉的基本制度规范。

对事业单位专业技术人员而言，其申诉对象包括本单位和上级人事主管部门。上级人事主管部门包括人事行政综合管理部门和行业主管部门。为区分两种不同的申诉对象及其申诉处理行为，《规定》将事业单位内部申诉称为复核，将向上级部门的申诉称为申诉和再申诉。因此，复核实际就是事业单位内部的申诉处理制度。

（一）复核的内涵

一般意义上的复核即审查核对，是对已经作出了决定的事项再一次进行评议和讨论，以提高决定的正确性。

事业单位工作人员复核，是指事业单位工作人员对涉及本人的人事处理决定不服，向原作出决定单位提出重新审查的意见和要求等活动的总称。复核强调的是对以下事项进一步讨论核实：原人事处理决定认定的事实是否存在、清楚，证据是否充分；原人事处理决定适用法律、法规、规章和有关规定是否正确；原人事处理决定的处理程序是否符合规定；原人事处理决定是否显失公正；原作出决定单位有无超越或者滥用职权的情形等。

（二）复核和申诉的关系

复核和申诉的联系表现在两个方面：第一，复核是事业单位工作人员申诉的前置程序。事业单位与工作人员发生了人事争议，事业单位工作人员应先向原作出决定单位申请复核，再提出申诉。第二，事业单位工作人员申请复核、提出申诉应明确程序，对申请人、申请事由、时间限制以及管辖权等各项要素进行明确规定。

复核和申诉的区别主要表现在以下四个方面：第一，目的不同。复核的目的是促进原作出决定单位与事业单位工作人员之间的沟通交流，致力于在单位内部消除分歧化解争议。申诉的直接目的是通过申诉程序将人事争议提交到上级行政机关，通过第三方的介入实现非司法途径的权利救济。第二，受理单位不同。复核的受理单位必须并且只能是原作出人事处理决定单位。

申诉的受理单位不是原作出决定单位，而应是复核单位的主管部门或者同级事业单位人事综合管理部门。第三，处理结果不同。在复核程序下，原作出决定单位重新审议原人事处理决定，进行自查自纠，在规定期限内作出维持、撤销或者变更原人事处理的复核决定。申诉的处理结果则可能包括维持撤销、变更原人事处理决定或责令原人事处理单位重新处理等情况。第四，法律效力不同。事业单位工作人员对复核决定不服的，可以在规定期限内提出申诉。就申诉决定而言，已过规定期限没有提出再申诉的申诉处理决定，以及中央和省级事业单位人事综合管理部门作出的申诉处理决定，都是具有最终效力的处理决定。

(三) 复核的申请

事业单位工作人员主观上认为某项已经生效的、涉及本人（或委托人）权益的人事处理决定不公正、不客观、不合法，可以对此提出异议，但是并非全部有异议的人事处理决定都能申请复核。申请复核的事项必须属于复核申诉规定的受理范围。

事业单位工作人员对涉及本人的下列人事处理不服，可以申请复核或提出申诉、再申诉：(1) 处分；(2) 事业单位清退违规进人；(3) 撤销奖励；(4) 考核定为基本合格或者不合格；(5) 未按国家规定确定或者扣减工资福利待遇；(6) 法律、法规、规章规定可以提出申诉的其他人事处理。但事业单位工作人员职务职称晋升、继续教育等方面，并未明确纳入复核和申诉的范围。

(四) 复核的方式

申请复核应当以书面方式进行，即向原作出决定单位递交书面形式的复核申请书。复核申请书中应全面反映事业单位工作人员复核的请求和事实依据，帮助原作出决定单位了解案情争议的焦点，为案件调查、审理提供帮助。

申请复核必须在规定期限内提出。因不可抗力或其他正当理由，当事人不能在规定期限内提出复核的，经受理机关批准可以延长期限。所谓不可抗力，是事业单位工作人员本人无力克服或无法预防、无法避免的事由，如遇到地震、洪水、台风等自然灾害，或者事业单位工作人员本人突然丧失行为能力或者死亡等意外事件。由于不可抗力或其他正当理由而延长期限的，应是顺延，而不是重新计算期限。是否同意延长期限，由受理单位决定。

（五）复核的受理

复核的受理是指受理单位对事业单位工作人员的复核申请进行审查，认定该申请符合规定的条件、程序和方式，决定立案审理的行为。应当受理的复核案件不予受理，则不能有效保障事业单位工作人员的合法权益。不应受理的复核案件予以受理，则是一种越权、违法的行为。

复核遵循"不告不理"的原则。事业单位工作人员依照有关规定申请复核，原作出人事处理决定单位才能受理复核。受理单位收到复核申请书后应当出具收件回执。收件回执一经出具，意味着复核程序正式启动，从出具收件回执之日起开始计算复核受理时限。

复核受理单位依据有关规定对事业单位工作人员的复核申请进行审查。只要申请人资格和复核事项都符合规定，并且在规定期限内的复核申请，原作出决定单位应予受理。复核受理单位无正当理由拒收复核申请书，事业单位工作人员可以在规定期限内提出申诉。复核受理单位在出具收件回执的规定期限后仍未作出复核决定的，应当视为维持原人事处理决定。事业单位工作人员可以在规定期限内提出申诉。

（六）复核决定

在完成对复核规定的条件、程序和方式等实质要件和形式要件的审查后，原作出决定单位开始复核原处理决定。复核时应当允许申请人进行必要的陈述。根据审查结果，原作出决定单位应当在规定时限内，作出维持、撤销或者变更原人事处理的复核决定，并以书面形式通知复核申请人。

典型案例

某高校教师申诉案

某省属高校因某教师违反学校纪律规定，决定给予该教师警告处分。处分决定提出，该教师如对处分决定不服，可在处分决定作出后30个工作日内，向学校教务处提出申诉。

本案例处分决定书存在以下问题：一是根据《事业单位工作人员申诉规定》，申请复核或者提出申诉、再申诉的时效期间为30日。复核的时效期间自申请人知道或者应当知道人事处理之日起计算；申诉、再申诉的时效期间自申请人收到复核决定、申诉处理决定之日起计算。因此，复核和申诉有效期间以申请人知悉处理决定的日期开始计算。二是除因不可抗力和有其他正当理由外，30日是连续时间，而不是工作日。三是高校作为事业单位，仅有对复核申请的受理权，因此，该处分决定告知教师向校内机构提出申诉不符合规定，应该是在法定期限内提出复核申请。四是虽然目前国家没有统一规定事业单位复核的受理机构，但高校应成立或授权能代表学校和多方利益相关者的权威机构受理复核，并以单位名义作出复核决定，仅由某一具体业务部门受理复核，难以保证审理的公正性和权威性。

三、事业单位工作人员的申诉

事业单位工作人员对涉及本人权益的特定人事处理决定不服，在完成复核程序后，工作人员对复核决定仍然不服的，可以在规定期限内向有关单位提出申诉。事业单位工作人员提出申诉，是单方面行使申诉权利的行为，这种行为不需要其他机关、团体、个人的批准、同意。任何单位、个人不得干预、阻挠事业单位工作人员提出申诉。

（一）申诉案件办理工作组织

事业单位工作人员对单位复核决定不服，可向主管部门或综合人事管理部门提出申诉。由于事业单位实行人事分级分类与人事综合管理相结合的管理体制，不同的复核单位对应不同的申诉受理单位。事业单位工作人员对中央和地方直属事业单位作出的复核决定不服提出的申诉，由同级事业单位人事综合管理部门管辖。事业单位工作人员对中央和地方各部门所属事业单位作出的复核决定不服提出的申诉，由主管部门管辖。事业单位工作人员对主管部门或者其他有关部门作出的复核决定不服提出的申诉，由同级事业单位人事综合管理部门管辖。事业单位工作人员对乡镇党委和人民政府作出的复核决定不服提出的申诉，由县级事业单位人事综合管理部门管辖。

根据《事业单位工作人员申诉案件办理规则》，各级事业单位人事综合管理部门和主管部门应当分别组建事业单位工作人员申诉公正委员会，负责办理事业单位工作人员的申诉、再申诉案件。具体申诉案件的审理工作，根据实际情况，可以组建审理组负责，也可以由申诉公正委员会直接承办。

（二）提出申诉

提出申诉应以书面方式进行，即通过向受理申诉的单位递交书面形式的申诉书，同时提交原人事处理决定、复核决定等材料的复印件。

（三）申诉的受理

申诉的受理是指有受理权的单位按照规定的条件和程序对申诉申请进行审查、明确是否立案的过程。

1. 对申诉请求进行审查

申诉受理单位在接到申诉书后，应当依据有关规定对申诉进行审查，包括审查申诉是否以书面形式提出，申诉人、被申诉人即申诉对象资格条件是否明确、合格，申诉事项、请求是否具体明确、事实根据是否具备，是否属于规定的申诉受案范围以及是否属于受理单位管辖等。由于复核是必经程序，还要审查申诉人是否提交了复核决定书或复核收件回执。申诉材料不齐备的，受理申诉的单位应当当场一次性告知申诉人所需补正的全部材料，并要求在规定期限内补正。逾期未补正的，视为撤回申诉。受理申诉的单位接到材料齐备的申诉书后，应当当场出具收件回执。对于事业单位工作人员申请延长申诉期限的请求进行审查，认为符合规定的延长期限条件的，可以批准延长期限。

2. 告知申诉审查意见

申诉受理单位经过申诉申请材料的审查，要区分不同情况，在规定期限内作出受理或者不予受理的决定。对符合实质要件和形式要件的申诉，予以受理，并立案审理。对不符合实质要件的申诉，不予受理，以书面形式通知申诉人，并说明理由。为了充分保护事业单位工作人员的申诉权，逾期未以书面形式通知申诉人的，视为受理。

3. 申诉受理的法律责任

事业单位工作人员提出的申诉被依法受理后，即产生一定的法律责任。申诉受理单位须依照规定程序按规定期限审结该案，不能在作出申诉处理决定之前随意终结申诉程序，更不能在立案后任意注销案件。但在处理决定作出前，申诉人可提出撤回申诉。撤回申诉应当以书面形式提出，受理单位在接到撤回申诉的书面申请后，可以决定终结处理工作，并以书面形式告知申诉人和原作出决定单位。

(四) 申诉决定的作出

申诉受理单位对事业单位工作人员提出的申诉进行审查、处理，以决定原人事处理决定是否维持、撤销、变更或建议撤销、变更。与复核不同，申诉工作通过严格的准司法程序来保证申诉决定的客观、公正、准确，保障事业单位工作人员的合法权益。

1. 审核证据材料

申诉审理委员会要认真审核有关申诉材料，包括事业单位工作人员提出的申诉书、原人事处理决定以及其他证明材料，也包括被申诉单位提供的作出原人事处理所依据的事实和法律法规、政策依据等材料。通过审核材料，申诉审理委员会找出双方争议的焦点，明确下一步需要收集哪些必要的证据和需要进一步查证的内容。申诉受理单位有权对申诉有关事项进行查询和调查。

申诉和再申诉案件中的证据包括：申诉人的陈述和被申诉单位的意见，书证、物证、视听资料、电子数据、证人证言、鉴定意见、勘验笔录、现场笔录。

《事业单位工作人员申诉案件办理规则》明确被申诉单位具有举证责任，

应当提供作出该决定的证据和所依据的法律法规和其他政策文件。没有证据或者证据不足以证明被申诉单位的事实主张的，由负有举证责任的被申诉单位承担不利后果。

2. 进行申诉审理

原人事处理决定是申诉法律关系形成的重要条件，也是双方争议的焦点所在。申诉受理单位依照规定的程序和要求，紧紧围绕原人事处理决定是否合法，从三个方面来进行审查。

首先，审查被申诉单位是否享有作出该人事处理决定的人事行政管理权。原处理单位必须在其职责权限内行使职权，超越职权作出的人事处理决定是违法、无效的。审查被申诉单位是否依法享有作出该人事处理决定的职权，是审查该人事处理决定合法性的重要条件。

其次，审查该人事处理决定的内容是否合法。该人事处理决定内容合法，是由该人事处理决定所依据的事实真实存在、适用法律法规和政策正确两个方面构成。只有当原作出决定单位认定的事实真实、客观存在，被申诉的人事处理决定才具备合法性的基础。所列事实不存在，该决定必然违法。如果该人事处理决定适用法律法规和政策不正确、不适当，也将导致人事处理决定违法或不当。

最后，审查该人事处理决定是否依照法定程序进行。一项合法的人事处理决定，不仅包含主体合法、内容合法，同时也包括程序合法。违反法定程序将导致该人事处理决定的不合法、不适当。

3. 作出审理决定

根据申诉审理委员会的审理意见，申诉受理单位作出如下申诉处理决定。

（1）维持原人事处理决定。原人事处理决定如果认定事实清楚，适用法律、法规规章和有关规定正确、处理恰当、程序合法，这三项条件是互相结合、互相制约，必须同时具备，则维持原处理决定。缺少其中任何一项条件，都将影响被申诉人事处理决定的合法性、正确性，从而不能维持原处理决定。

（2）责令撤销或者直接撤销原人事处理决定。原人事处理认定事实不存在的,申诉受理单位应责令原人事处理单位撤销或者直接撤销原人事处理决定。

(3)责令原人事处理单位重新处理。原人事处理认定事实不清、证据不足,或者违反规定程序和权限的,申诉受理单位应责令原人事处理单位重新处理,在事实清楚、证据确凿、严格依照法定程序的基础上,重新作出合法的人事处理决定。

(4)责令原人事处理单位变更或者直接变更原人事处理。这是申诉受理单位行使变更权的具体体现。在行使这一权利时,必须符合法定条件,即原人事处理认定事实正确,但适用法律、法规、规章和有关规定有错误或者处理明显不当。

4. 制作申诉处理决定书

申诉处理决定作出后,应当制作申诉处理决定书。申诉处理决定书应当载明下列内容:(1)申诉人的姓名、单位、岗位及其他基本情况;(2)原人事处理单位的名称,人事处理和复核决定所认定的事实、理由及适用的法律、法规、规章和有关规定;(3)申诉的事项、理由及要求;(4)申诉审理委员会认定的事实、理由及适用的法律、法规、规章和有关规定;(5)申诉处理决定;(6)作出决定的日期;(7)其他需要载明的内容。申诉处理决定书应当加盖受理申诉单位的印章。

5. 期限与送达

申诉受理单位应当在规定的期限内作出处理决定,并将申诉处理决定书及时送达申诉人和原人事处理单位。

送达方式主要有以下几种:(1)直接送达申请人本人,申请人在送达回证上签名或者盖章;(2)申请人本人不在的,可以由其同住的具有完全民事行为能力的成年近亲属在送达回证上签名或者盖章,视为送达;(3)申请人或者其同住的具有完全行为能力的成年近亲属拒绝接收或者拒绝签名、盖章的,送达人应当邀请有关基层组织的代表或者其他有关人员到场,见证现场情况,由送达人在送达回证上记明拒收事由和日期,由送达人、见证人签名或者盖章，将处理决定留在申请人的住所，视为送达；（4）直接送达有困难的，可以通过邮寄送达。邮寄送达的，应当留存邮寄的有效证明材料；（5）上述规定的方式无法送达的，可以在相关媒体上公告送达。公告送达，应当在案卷中记明原因和经过。

知识链接

事业单位工作人员申诉/再申诉处理决定书（范本）

申诉人		出生年月		工作单位	
岗位职务及等级		其他基本情况			
原处理单位		联系方式		地址	
申诉/再申诉的事项、理由及要求					

1. 原人事处理和复核决定所认定的事实、理由及适用的法律、法规、规章和有关规定/申诉处理决定的内容、日期

2. 本申诉公正委员会认定的事实、理由

3. 适用的法律、法规、规章和有关规定

4. 本申诉公正委员会决定

对本申诉处理决定不服，可以在30内向提出再申诉/本处理决定是发生效力的最终决定。

×××（章）
年　月　日

其他	

第二节　劳动人事争议协商和调解

在劳动人事争议发生后，专业技术人员可先行选择协商或调解的方式解

决。协商是当事人之间自行沟通解决争议的简易程序；调解是当事人在平等自愿的基础上通过第三方调解组织解决争议的行为。《人事争议处理规定》和《劳动争议调解仲裁法》都规定了专业技术人员提出和参与协商和调解的权利。

一、人事争议与劳动争议

人事争议在我国主要是指机关事业单位聘用制工作人员与用人单位发生的聘用合同争议；劳动争议则是企业劳动者与用人单位发生的劳动合同争议。2014年7月，《事业单位人事管理条例》规定，事业单位工作人员与所在单位发生人事争议的，依照《劳动争议调解仲裁法》等有关规定处理。

（一）人事争议

根据《人事争议处理规定》和《劳动人事争议仲裁办案规则》的相关规定，人事争议的适用范围包括：（1）实施《公务员法》的机关与聘任制公务员之间、参照《公务员法》管理的机关（单位）与聘任工作人员之间因履行聘任合同发生的争议。（2）事业单位与工作人员之间因解除人事关系、履行聘用合同发生的争议。（3）社团组织与工作人员之间因解除人事关系、履行聘用合同发生的争议。（4）军队聘用单位与文职人员之间因履行聘用合同发生的争议。（5）依照法律、法规规定可以仲裁的其他人事争议。

（二）劳动争议

《劳动争议调解仲裁法》规定，中华人民共和国境内的用人单位与劳动者发生劳动争议适用该法，其中，事业单位实行聘用制的工作人员与本单位发生劳动争议的，依照该法执行；法律、行政法规或者国务院另有规定的，依照其规定。

劳动争议一般实行"一裁两审"制，在特殊情况下实行"一裁终局"制。发生劳动争议，劳动者可以与用人单位协商，也可以请工会或者第三方共同与用人单位协商，达成和解协议。当事人不愿协商、协商不成或者达成和解协议后不履行的，可以向调解组织申请调解；不愿调解、调解不成或者达成调解协议后不履行的，可以向劳动争议仲裁委员会申请仲裁；对仲裁裁决不服的，除法律另有规定的外，可以向人民法院提起诉讼。

解决劳动争议，应当根据事实，遵循合法、公正、及时、着重调解的原则，依法保护当事人的合法权益。当事人对自己提出的主张，有责任提供证据。与争议事项有关的证据属于用人单位掌握管理的，用人单位应当提供；用人单位不提供的，应当承担不利后果。

可以适用《劳动争议调解仲裁法》的劳动争议包括：（1）因确认劳动关系发生的争议；（2）因订立、履行、变更、解除和终止劳动合同发生的争议；（3）因除名、辞退和辞职、离职发生的争议；（4）因工作时间、休息休假、社会保险、福利、培训以及劳动保护发生的争议；（5）因劳动报酬、工伤医疗费、经济补偿或者赔偿金等发生的争议；（6）法律、法规规定的其他劳动争议。

用人单位违反国家规定，拖欠或者未足额支付劳动报酬，或者拖欠工伤医疗费、经济补偿或者赔偿金的，劳动者可以不通过争议处理程序，直接向劳动行政部门投诉，劳动行政部门应当依法处理。县级以上人民政府劳动行政部门应会同工会和企业方面代表建立协调劳动关系三方机制，共同研究解决重大争议问题。

二、争议协商

协商属于劳动人事争议处理的简易程序。根据《企业劳动争议协商调解规定》，发生劳动争议，一方当事人可以通过与另一方当事人约见、面谈等方式协商解决。劳动者可以要求所在企业工会参与或者协助其与企业进行协商。工会也可以主动参与劳动争议的协商处理，维护劳动者合法权益。

一方当事人提出协商要求后，另一方当事人应当积极作出口头或者书面回应。协商的期限由当事人书面约定，在约定的期限内没有达成一致的，视为协商不成。当事人可以书面约定延长期限。

协商达成一致，应当签订书面和解协议。和解协议对双方当事人具有约束力，当事人应当履行。经仲裁庭审查，和解协议程序和内容合法有效的，仲裁庭可以将其作为证据使用。但是，当事人为达成和解的目的作出妥协所涉及的对争议事实的认可，不得在其后的仲裁中作为对其不利的证据。

当事人不愿协商、协商不成或者达成和解协议后，一方当事人在约定的期限内不履行和解协议的，可以依法申请调解，也可以依法向劳动人事争议仲裁委员会申请仲裁。

三、争议调解

依据《劳动争议调解仲裁法》《企业劳动争议协商调解规定》，当事人可以口头或者书面形式向调解委员会提出调解申请。申请内容应当包括申请人基本情况、调解请求、事实与理由。口头申请的，调解委员会应当当场记录。

（一）调解组织

企业劳动争议调解委员会由劳动者代表和企业代表组成。劳动者代表由工会成员担任或者由全体劳动者推举产生，企业代表由企业负责人指定。企业劳动争议调解委员会主任由工会委员会成员或者双方推举的人员担任。

《企业劳动争议协商调解规定》提出，大中型企业应当依法设立调解委员会，并配备专职或者兼职工作人员。有分公司、分店、分厂的企业，可以根据需要在分支机构设立调解委员会。总部调解委员会指导分支机构调解委员会开展劳动争议预防调解工作。调解委员会还可以根据需要在车间、工段、班组设立调解小组。小微型企业可以设立调解委员会，也可以由劳动者和企业共同推举人员，开展调解工作。

（二）调解的提出和受理

发生劳动争议，当事人可以口头或书面申请进行劳动争议调解。实践中，有时调解组织也可能主动介入或接受劳动人事争议仲裁机构、人民法院的委托，征得双方当事人统一开展调解。口头申请的，调解组织应当当场记录申请人基本情况、申请调解的争议事项、理由、证据和申请时间。

调解组织受理劳动人事争议应遵循便利争议当事人申请调解、便利调解组织进行调解的原则,一般由争议当事人所在单位(所在地)或者争议发生地的劳动人事争议调解组织受理。调解委员会接到调解申请后,对属于争议受理范围且双方当事人同意调解的,应当在3个工作日内受理。

调解劳动争议,应当充分听取双方当事人对事实和理由的陈述,通过疏导,帮助其达成协议。

(三) 调解协议

经调解达成协议的,应当制作调解协议书。调解协议书由双方当事人签名或者盖章,经调解员签名并加盖调解组织印章后生效,对双方当事人具有约束力,当事人应当履行。

调解委员会调解劳动争议,应当自受理调解申请之日起15日内结束,当事人不愿调解、调解不成或达成调解协议后,一方当事人在协议约定期限内不履行调解协议的,另一方当事人可以依法申请仲裁。

(四) 申请支付令

因支付拖欠劳动报酬、工伤医疗费、经济补偿或者赔偿金事项达成调解协议,用人单位在协议约定期限内不履行的,劳动者可以持调解协议书依法向人民法院申请支付令,人民法院应当依法发出支付令。

第三节 劳动人事争议仲裁

劳动人事争议仲裁指在发生劳动人事争议后,当事人直接协商解决或在调解不成后,可以向专门的仲裁委员会申请裁决的制度和行为。2017年4月,《劳动人事争议仲裁办案规则》出台,对劳动人事争议仲裁程序等进行了规范。

一、仲裁范围

劳动人事争议仲裁的适用范围包括:(1)企业、个体经济组织、民办非企业单位等组织与劳动者之间,以及机关、事业单位、社会团体与其建立劳动关系的劳动者之间,因确认劳动关系,订立、履行、变更、解除和终止劳动合同,工作时间、休息休假、社会保险、福利、培训以及劳动保护,劳动报酬、工伤医疗费、经济补偿或者赔偿金等发生的争议。(2)实施《公务员法》的机关与聘任制公务员之间、参照《公务员法》管理的机关(单位)与聘任工作人员之间因履行聘任合同发生的争议。(3)事业单位与其建立人事关系的工作人员之间因终止人事关系以及履行聘用合同发生的争议。(4)社会团体与其建立人事关系的工作人员之间因终止人事关系以及履行聘用合同发生的争议。(5)军队文职人员用人单位与聘用制文职人员之间因履行聘用合同发生的争议。(6)法律、法规规定由劳动人事争议仲裁委员会处理的其他争议。

二、申请和受理

劳动人事争议实行单方申请制度,争议发生后,只要一方当事人提出申请,争议事项符合仲裁机构的受理条件,仲裁机构就应当受理,启动仲裁程序。

(一)仲裁时效

除聘用制公务员外,发生劳动人事争议后,申请仲裁的时效期间为一年。仲裁时效期间从当事人知道或者应当知道其权利被侵害之日起计算。但劳动人事关系存续期间因拖欠劳动报酬发生争议的,劳动者申请仲裁不受规定的仲裁时效期间的限制;但是,其劳动人事关系终止的,应当自劳动人事关系终止之日起一年内提出。

在申请仲裁的时效期间内,一方当事人通过协商、申请调解等方式向对方当事人主张权利的;一方当事人通过向有关部门投诉,向仲裁委员会申请仲裁,向人民法院起诉或者申请支付令等方式请求权利救济的;对方当事人同意履行义务的,仲裁时效中断。从中断时起,仲裁时效期间重新计算。

因不可抗力,或者有无民事行为能力或者限制民事行为能力劳动者的法定代理人未确定等其他正当理由,当事人不能在规定的仲裁时效期间申请仲裁的，仲裁时效中止。从中止时效的原因消除之日起，仲裁时效期间继续计算。

（二）仲裁申请

《劳动人事争议仲裁办案规则》规定，申请人申请仲裁应当提交书面仲裁申请，并按照被申请人人数提交副本。书写仲裁申请确有困难的，可以口头申请，由仲裁委员会记入笔录，经申请人签名、盖章或者捺印确认。

仲裁申请书应当载明下列事项：（1）劳动者的姓名、性别、出生日期、身份证件号码、住所、通信地址和联系电话，用人单位的名称、住所、通信地址、联系电话和法定代表人或者主要负责人的姓名、职务。（2）仲裁请求和所根据的事实、理由。（3）证据和证据来源，证人姓名和住所。

申请人的书面仲裁申请材料齐备的，仲裁委员会应当出具收件回执。对于仲裁申请书不规范或者材料不齐备的，仲裁委员会应当当场或在5日内一次性告知申请人需要补正的全部材料。仲裁委员会收取当事人提交的材料应当出具收件回执。

（三）仲裁受理

《劳动人事争议仲裁办案规则》规定，仲裁委员会对符合下列条件的仲裁申请应当予以受理，并在收到仲裁申请之日起5日内向申请人出具受理通知书：（1）属于符合规定的争议范围。（2）有明确的仲裁请求和事实理由。（3）申请人是与本案有直接利害关系的自然人、法人或者其他组织，有明确的被申请人。（4）属于本仲裁委员会管辖范围。

三、开庭和裁决

除当事人协议不公开进行或者涉及国家秘密、商业秘密和个人隐私的争议外，人事争议和劳动争议仲裁都应公开进行。

（一）开庭通知

仲裁委员会应当在受理仲裁申请之日起5日内组成仲裁庭并将仲裁庭的

组成情况书面通知当事人。仲裁庭应当在开庭 5 日前,将开庭日期、地点书面通知双方当事人。当事人有正当理由的,可以在开庭 3 日前请求延期开庭。是否延期,由仲裁委员会根据实际情况决定。

申请人收到书面开庭通知,无正当理由拒不到庭或者未经仲裁庭同意中途退庭的,可以按撤回仲裁申请处理;申请人重新申请仲裁的,仲裁委员会不予受理。被申请人收到书面开庭通知,无正当理由拒不到庭或者未经仲裁庭同意中途退庭的,仲裁庭可以继续开庭审理,并缺席裁决。

(二) 回避制度

《劳动争议调解仲裁法》规定了仲裁员回避制度。规定有下列情形之一的,仲裁员应当自行申请回避,当事人和代理人有权以口头或书面方式申请其回避:(1) 是案件的当事人、代理人或者当事人、代理人的近亲属;(2) 与案件有利害关系;(3) 与案件当事人、代理人有其他关系,可能影响公正仲裁的。这一规定适用于书记员、鉴定人员、勘验人员和翻译人员等其他参加仲裁活动的人员。仲裁委员会对回避申请应当及时作出决定,并以口头或者书面方式通知当事人。

《劳动争议调解仲裁法》规定,仲裁员私自会见当事人、代理人,或者接受当事人、代理人的请客送礼的,也应回避,并规定有此情形或行为的仲裁员,或者有索贿受贿、徇私舞弊、枉法裁决行为的,应当依法承担法律责任。劳动争议仲裁委员会应当将其解聘。

当事人提出回避申请,应当说明理由,在案件开始审理时提出;回避事由在案件开始审理后知道的,也可以在庭审辩论终结前提出;当事人在庭审辩论终结后提出的,不影响仲裁程序的进行,当事人因此对仲裁裁决不服的,可以依法向人民法院起诉或者申请撤销。

被申请回避的人员在仲裁委员会作出是否回避的决定前,应当暂停参与本案的处理,但因案件需要采取紧急措施的除外。仲裁员是否回避,由仲裁委员会主任或其授权的办事机构负责人决定。仲裁委员会主任担任案件仲裁员是否回避,由仲裁委员会决定。

（三）仲裁时限

仲裁庭裁决案件，应当自仲裁委员会受理仲裁申请之日起45日内结束。案情复杂需要延期的，经仲裁委员会主任或者其委托的仲裁院负责人书面批准，可以延期并书面通知当事人，但延长期限不得超过15日。

（四）终局裁决

下列劳动争议，除法律另有规定的外，仲裁裁决为终局裁决，裁决书自作出之日起发生法律效力：（1）追索劳动报酬、工伤医疗费、经济补偿或者赔偿金，不超过当地月最低工资标准12个月金额的争议；（2）因执行国家的劳动标准在工作时间、休息休假、社会保险等方面发生的争议。仲裁庭裁决案件时，裁决内容同时涉及终局裁决和非终局裁决的，应当分别制作裁决书，并告知当事人相应的救济权利。

其中，经济补偿包括竞业限制期限内给予的经济补偿、解除或者终止劳动合同的经济补偿等；赔偿金包括《劳动合同法》规定的未签订书面劳动合同第二倍工资、违法约定试用期的赔偿金、违法解除或者终止劳动合同的赔偿金等。

（五）先予执行

《劳动人事争议仲裁办案规则》规定，仲裁庭对追索劳动报酬、工伤医疗费、经济补偿或者赔偿金的案件，根据当事人的申请，可以裁决先予执行，移送人民法院执行。

仲裁庭裁决先予执行的案件，应当符合下列条件：（1）当事人之间权利义务关系明确；（2）不先予执行将严重影响申请人的生活。劳动者申请先予执行的，可以不提供担保。

（六）裁决

裁决应当按照多数仲裁员的意见作出，少数仲裁员的不同意见应当记入笔录。仲裁庭不能形成多数意见时，裁决应当按照首席仲裁员的意见作出。

裁决书应当载明仲裁请求、争议事实、裁决理由、裁决结果、当事人权利和裁决日期。裁决书由仲裁员签名，加盖仲裁委员会印章。对裁决持不同意见的仲裁员，可以签名，也可以不签名。

对裁决书中的文字、计算错误或者仲裁庭已经裁决但在裁决书中遗漏的事项，仲裁庭应当及时予以补正并送达当事人。

第四节　劳动人事争议诉讼

劳动人事争议诉讼是指劳动人事争议当事人在不服仲裁决定或其他法定情况下，在法定期限内，通过司法途径即向人民法院起诉以维护自身权益的行为，是专业技术人员权益保障的重要方式。

一、人事争议诉讼

《人事争议处理规定》规定，当事人对仲裁裁决不服的，可以按照《公务员法》《中国人民解放军文职人员条例》以及最高人民法院相关司法解释的规定，自收到裁决书之日起15日内向人民法院提起诉讼；逾期不起诉的，裁决书即发生法律效力。

根据最高人民法院《关于人民法院审理事业单位人事争议案件若干问题的规定》，其所指人事争议是指事业单位与其工作人员之间因辞职、辞退及履行聘用合同所发生的争议。

当事人对依照国家规定设立的人事争议仲裁机构所作的人事争议仲裁裁决不服，自收到仲裁裁决之日起15日内向人民法院提起诉讼的，人民法院应当依法受理。一方当事人在法定期间内不起诉又不履行仲裁裁决，另一方当事人向人民法院申请执行的，人民法院应当依法执行。事业单位人事争议案件由用人单位或者聘用合同履行地的基层人民法院管辖。

目前，人事争议诉讼的范围相对较小，国家机关、事业单位任命制人员以及因考核、职务任免、职称评审等引发的人事争议，尚难以进入诉讼程序。根据2004年最高人民法院《关于事业单位人事争议案件适用法律等问题的答复》，事业单位与其工作人员之间因辞职、辞退及履行聘用合同所发生的争议，适用《劳动法》的规定处理。这里适用《劳动法》的规定处理是指人民法院审理事业单位人事争议案件的程序运用《劳动法》的相关规定。人民法院对事业单位人事争议案件的实体处理应当适用人事方面的法律规定，但涉及事业单位工作人员劳动权利的内容在人事法律中没有规定的，适用《劳动法》的有关规定。

二、"一裁终局"案件诉讼

"一裁终局"即争议案件经仲裁之后即可终结，仲裁裁决为终局裁决的争议处理制度。根据《劳动争议调解仲裁法》，对小额仲裁案件和劳动标准明确的案件，仲裁裁决为终局裁决，裁决书自作出之日起发生法律效力。小额仲裁案件包括追索劳动报酬、工伤医疗费、经济补偿或者赔偿金，不超过当地月最低工资标准12个月金额的争议；劳动标准明确的案件包括因执行国家的劳动标准在工作时间、休息休假、社会保险等方面发生的争议。

劳动者对"一裁终局"的仲裁裁决不服的，可以自收到仲裁裁决书之日起15日内向人民法院提起诉讼。

用人单位有证据证明"一裁终局"仲裁裁决有下列情形之一，可以自收到仲裁裁决书之日起30日内向劳动争议仲裁委员会所在地的中级人民法院申请撤销裁决：（1）适用法律、法规确有错误的。（2）劳动争议仲裁委员会无管辖权的。（3）违反法定程序的。（4）裁决所根据的证据是伪造的。（5）对方当事人隐瞒了足以影响公正裁决的证据的。（6）仲裁员在仲裁该案时有索贿受贿、徇私舞弊、枉法裁决行为的。

人民法院经组成合议庭审查核实裁决有上述规定情形之一的，应当裁定撤销。仲裁裁决被人民法院裁定撤销的，当事人可以自收到裁定书之日起15日内就该劳动争议事项向人民法院提起诉讼。

三、劳动争议诉讼

《劳动争议调解仲裁法》规定，争议双方当事人对"一裁终局"规定以外的其他劳动争议案件的仲裁裁决不服的，可以自收到仲裁裁决书之日起15日内向人民法院提起诉讼；期满不起诉的，裁决书发生法律效力。

（一）特殊案件受理

劳动者与用人单位之间发生的下列纠纷，当事人不服劳动争议仲裁委员会作出的裁决，依法向人民法院起诉的，人民法院应当受理：（1）劳动者与用人单位之间没有订立书面劳动合同，但已形成劳动关系后发生的纠纷。（2）劳动者退休后，与尚未参加社会保险统筹的原用人单位因追索养老金、医疗费、工伤保险待遇和其他社会保险费而发生的纠纷。（3）用人单位和劳动者因劳动关系是否已经解除或者终止，以及应否支付解除或终止劳动关系经济补偿金产生的争议。（4）劳动者与用人单位解除或者终止劳动关系后，请求用人单位返还其收取的劳动合同定金、保证金、抵押金、抵押物产生的争议，或者办理劳动者的人事档案、社会保险关系等移转手续产生的争议。（5）劳动者因为工伤、职业病，请求用人单位依法承担给予工伤保险待遇的争议。

劳动争议仲裁委员会为纠正原仲裁裁决错误重新作出裁决，当事人不服、依法向人民法院起诉的，人民法院应当受理。

（二）直接起诉案件

劳动者以用人单位的工资欠条为证据直接向人民法院起诉，诉讼请求不涉及劳动关系其他争议的，视为拖欠劳动报酬争议，按照普通民事纠纷受理。

当事人在劳动争议调解委员会主持下仅就劳动报酬争议达成调解协议，用人单位不履行调解协议确定的给付义务，劳动者直接向人民法院起诉的，人民法院可以按照普通民事纠纷受理。

（三）非劳动争议案件

《最高人民法院关于审理劳动争议案件适用法律若干问题的解释（二）》

规定，下列纠纷不属于劳动争议：(1) 劳动者请求社会保险经办机构发放社会保险金的纠纷。(2) 劳动者与用人单位因住房制度改革产生的公有住房转让纠纷。(3) 劳动者对劳动能力鉴定委员会的伤残等级鉴定结论或者对职业病诊断鉴定委员会的职业病诊断鉴定结论的异议纠纷。(4) 家庭或者个人与家政服务人员之间的纠纷。(5) 个体工匠与帮工、学徒之间的纠纷。(6) 农村承包经营户与受雇人之间的纠纷。

此外，劳动争议仲裁委员会仲裁的事项不属于人民法院受理的案件范围，当事人不服，依法向人民法院起诉的，裁定不予受理或者驳回起诉。

(四) 仲裁受理范围之外的争议

1. 劳动争议仲裁委员会以当事人申请仲裁的事项不属于劳动争议为由，作出不予受理的书面裁决、决定或者通知，当事人不服，依法向人民法院起诉的，人民法院应当分别情况予以处理：(1) 属于劳动争议案件的，应当受理；(2) 虽不属于劳动争议案件，但属于人民法院主管的其他案件，应当依法受理。

2. 劳动争议仲裁委员会以当事人的仲裁申请超过仲裁期限为由，作出不予受理的书面裁决、决定或者通知，当事人不服，依法向人民法院起诉的，人民法院应当受理；对确已超过仲裁申请期限，又无不可抗力或者其他正当理由的，依法驳回其诉讼请求。当事人能够证明在申请仲裁期间内因不可抗力或者其他客观原因无法申请仲裁的，人民法院应当认定申请仲裁期间中止，从中止的原因消灭之次日起，申请仲裁期间连续计算。

3. 拖欠工资争议，劳动者申请仲裁时劳动关系仍然存续，用人单位以劳动者申请仲裁超过法定期限为由主张不再支付的，人民法院不予支持。但用人单位能够证明劳动者已经收到拒付工资的书面通知的除外。

4. 劳动争议仲裁委员会以申请仲裁的主体不合格为由，作出不予受理的书面裁决、决定或者通知，当事人不服，依法向人民法院起诉的，经审查，确属主体不合格的，裁定不予受理或者驳回起诉。

(五) 劳动争议诉讼案件管辖

最高人民法院有关解释规定，劳动争议案件由用人单位所在地或者劳动合同履行地的基层人民法院管辖。劳动合同履行地不明确的，由用人单位所在地的基层人民法院管辖。

当事人双方不服劳动争议仲裁委员会作出的同一仲裁裁决，均向同一人民法院起诉的，人民法院应当并案审理，双方当事人互为原告和被告。在诉讼过程中，一方当事人撤诉的，人民法院应当根据另一方当事人的诉讼请求继续审理。

当事人双方就同一仲裁裁决分别向有管辖权的人民法院起诉的，后受理的人民法院应当将案件移送给先受理的人民法院。

人民法院受理劳动争议案件后，当事人增加诉讼请求的，如该诉讼请求与讼争的劳动争议具有不可分性，应当合并审理；如属独立的劳动争议，应当告知当事人向劳动争议仲裁委员会申请仲裁。

四、特殊情形下的案件当事人

用人单位招用尚未解除劳动合同的劳动者，原用人单位与劳动者发生的劳动争议，可以列新的用人单位为第三人。原用人单位以新的用人单位侵权为由向人民法院起诉的，可以列劳动者为第三人。原用人单位以新的用人单位和劳动者共同侵权为由向人民法院起诉的，新的用人单位和劳动者列为共同被告。

劳动者在用人单位与其他平等主体之间的承包经营期间，与发包方和承包方双方或者一方发生劳动争议，依法向人民法院起诉的，应当将承包方和发包方作为当事人。

劳动者因履行劳动力派遣合同产生劳动争议而起诉，以派遣单位为被告；争议内容涉及接受单位的，以派遣单位和接受单位为共同被告。

五、证据

因用人单位作出的开除、辞退、解除劳动合同、减少劳动报酬、计算劳动者工作年限等决定而发生的劳动争议，用人单位负举证责任。

用人单位根据《劳动法》的规定，通过民主程序制定的规章制度，不违反国家法律、行政法规及政策规定，并已向劳动者公示的，可以作为人民法院审理劳动争议案件的依据。用人单位制定的内部规章制度与集体合同或者劳动合同约定的内容不一致，劳动者请求优先适用合同约定的，人民法院应予支持。

当事人在劳动争议调解委员会主持下达成的具有劳动权利义务内容的调解协议，具有劳动合同的约束力，可以作为人民法院裁判的根据。

六、仲裁裁决法律效力的判定

劳动争议仲裁委员会作出仲裁裁决后，当事人对裁决中的部分事项不服，依法向人民法院起诉的，劳动争议仲裁裁决不发生法律效力。

劳动争议仲裁委员会对多个劳动者的劳动争议作出仲裁裁决后，部分劳动者对仲裁裁决不服，依法向人民法院起诉的，仲裁裁决对提出起诉的劳动者不发生法律效力；对未提出起诉的部分劳动者，发生法律效力，如其申请执行的，人民法院应当受理。

当事人申请人民法院执行劳动争议仲裁机构作出的发生法律效力的裁决书、调解书，被申请人提出证据证明劳动争议仲裁裁决书、调解书有下列情形之一，并经审查核实的，人民法院可以根据《民事诉讼法》第217条的规定，裁定不予执行：（1）裁决的事项不属于劳动争议仲裁范围，或者劳动争议仲裁机构无权仲裁的。（2）适用法律确有错误的。（3）仲裁员仲裁该案时，有徇私舞弊、枉法裁决行为的。（4）人民法院认定执行该劳动争议仲裁裁决违背社会公共利益的。

人民法院在不予执行的裁定书中，应当告知当事人在收到裁定书之次日起30日内，可以就该劳动争议事项向人民法院起诉。

法律连线

主要政策法规

1. 《劳动争议调解仲裁法》
2. 《劳动人事争议仲裁办案规则》
3. 《企业劳动争议协商调解规定》
4. 《事业单位工作人员申诉规定》

思考题

1. 为什么要在事业单位建立专门的申诉制度？申诉制度与争议仲裁制度有什么不同？
2. 事业单位申诉事项的范围有哪些？
3. 哪些劳动争议可直接向劳动行政管理部门投诉解决？
4. 哪些劳动争议实行"一裁终局"制度？

主要参考文献

马克思，恩格斯. 马克思恩格斯全集 [M]. 北京：人民出版社，1976.

邓小平. 邓小平文选 [M]. 北京：人民出版社，1994.

习近平. 习近平谈治国理政：第二卷 [M]. 北京：外文出版社，2017.

国际劳工局. 劳动力市场主要指标体系 [M]. 北京：中国劳动社会保障出版社，2001.

世界银行东亚和太平洋地区减贫与经济管理局. 中国：深化事业单位改革改善公共服务提供 [M]. 北京：中信出版社，2005.

中国人事科学研究院. 中国人才报告 [M]. 北京：人民出版社，2005.

中国人事科学研究院. 人才发展新机制的探索 [M]. 北京：中国人事出版社，2019.

彼得·德鲁克. 21 世纪的管理挑战 [M]. 北京：北京三联书店，2003.

伯·霍尔茨纳. 知识社会学 [M]. 武汉：湖北人民出版社，1984.

李建忠. 超越功利：人才激励导论 [M]. 北京：中国人事出版社，2010.

丁晶晶. 事业单位聘用合同管理规范研究 [M]. 北京：中国人事出版社，2016.

李顺德. 专业技术人员知识产权保护知识读本 [M]. 北京：中国人事出版社，2008.

林小云. 美国劳动雇佣法 [M]. 北京：法律出版社，2007.

刘军胜. 中国工资支付保障立法研究 [M]. 北京：法律出版社，2014.

刘旭. 国际劳工标准概述 [M]. 北京：中国劳动社会保障出版社，2004.

后　　记

党的十九大报告提出，人才是实现民族振兴、赢得国际竞争主动的战略资源。要坚持党管人才原则，聚天下英才而用之，加快建设人才强国。要倡导创新文化，强化知识产权创造、保护、运用。培养造就一大批具有国际水平的战略科技人才、科技领军人才、青年科技人才和高水平创新团队。

专业技术人员是我国人才队伍的骨干力量，加强专业技术人员权益保护是实施人才强国战略、激励人才创新创业的必然要求，具有重要的历史意义和现实意义。

随着社会主义市场经济体制的不断完善和非公经济的崛起，我国专业技术人员的就业构成和职业地位等发生了重大变化，专业技术人员权益保护的公共政策和法律基础也发生了较大变化，带来了权益保护方式方法的复杂化和多样化。从体制内到体制外，从政策到法律，从基本权利到职业权益，我国专业技术人员权益保护的法治化和专业化程度越来越高。

为便于专业技术人员和用人单位学习掌握权益保护的基本知识和有关政策法规，本书结合专业技术人员的职业特点，将不同领域的权益保护知识予以汇总梳理并进行了精要分析，内容涉及基本权利、聘用权利、经济权利、知识产权、职业发展权、职业安全权、社会保障权和争议处理等权益保护的主要方面，以期为专业技术人员维护自身权益提供指导和帮助。

本书作为全国专业技术人员继续教育培训教材，在编写过程中，注重内容的政策性和实用性，坚持将理论和实践相结合，力求将最新政策法规成果体现到相关内容之中，反映新时代专业技术人才队伍建设的新要求和新任务。

本书的编写得到了人力资源社会保障部有关司局、中国人事科学研究院领导和同事们的大力支持。刘俊生教授等有关专家对本书进行了审阅,并提出了重要修改意见。同时,本书引用和吸收了大量相关研究成果。在此,编者一并表示衷心的感谢!

由于编者知识能力有限,本书错谬之处在所难免,敬请专家和读者批评指正。

李建忠

2020 年 1 月